AF220734

Der Umgang mit der Trauer
in der Beratung!

Ein kleines Praxisbuch für Menschen
in beratenden Berufen

von Tobias van der Velde

Bibliografische Informationen
der Deutschen Nationalbibliothek:
Die Deutsche Nationalbibliothek verzeichnet diese
Publikation in der Deutschen Nationalbibliografie;
detaillierte bibliografische Daten sind im Internet über
http.//dnb.dnb.de abrufbar.

1. Auflage Juni 2018
Herstellung und Verlag:
BoD – Books on Demand, Norderstedt

ISBN: 9783752878844

www.tobias-vandervelde.de

Inhalt

Vorwort

Es ist eigentlich schon traurig, wie viel Zeit und Geld in die Ausbildung von guten Beratern und Coaches investiert wird. Jahrelange Seminare und Fachbücher formen den, nach heutigen oft schwer nachvollziehbaren Maßstäben, guten Coach.

Doch dann kommt ein Klient welcher aus dem nichts heraus von seiner Trauer übermannt wird. Dieser weint vielleicht unaufhörlich und macht emotional zu und verschließt sich. Das geht schnell, wenn wir bedenken, wie manche Berater und Coaches vorgehen. Auch wird schnell vergessen, dass alte Wunden und Erlebnisse maßgeblich für heutige aufgetretene Hindernisse und Blockaden verantwortlich sein können und den Klienten am Erfolg hindern können.

In vielen Schulungen wird das Thema Trauer nur grob angeschnitten oder es wird angesprochen, aber dann nicht ausreichend erklärt, wie ein Berater damit umzugehen hat.

Klar, dieses Thema gehört nicht unbedingt in eine Coachingschulung, denn dafür reicht die Zeit meist gar nicht. Aber es geht gar nicht darum einen angehenden Coach zu einem Trauerbegleiter oder Seelsorger zu machen. Es geht viel mehr darum, einem Coach bzw. Berater zu zeigen, was er machen kann, wenn ein Klient von der Trauer übermannt wird. Wenn vielleicht ganz alte, durch die Trauer wiedererweckte Verletzungen der Seele einen Beratungszyklus eventuell sogar negativ beeinflussen. Es wird nämlich genau dann negativ, wenn der Berater nicht richtig damit umzugehen weiß. Mit etwas mehr Hintergrundwissen zum Thema

Trauer, kann er solche Momente sinnvoll und auch wegweisend für die Beratung nutzen, um auch lösungsorientierte Erfolge zu erzielen. Das ist es doch, was der Klient und auch der Berater erreichen möchte.

Wichtig ist es für mich an dieser Stelle darauf hinzuweisen, dass ein schwerer Trauerverlauf oder auch Traumatisierungen nicht in den Bereich eines Coaches gehören, der sich nicht damit auskennt.
Auch ein gut ausgebildeter Coach kann sich Hilfe von außen holen. Trauerbegleiter sind in Trauerfällen doch meist die besseren Ansprechpartner.
Ich selbst habe in den letzten 20 Jahren beruflich in einem Beerdigungsinstitut sehr viele Menschen begleitet und ich habe viele Erfahrungen sammeln können. Auch in meiner Ausbildung zum Coach habe ich viele Menschen kennen gelernt, die besser nicht mit Angehörigen von verstorbenen reden sollten. Ob diese Berater überhaupt in Bereichen der Lebenshilfe arbeiten sollten ist wohl ein anderes Thema. Übrigens gilt das auch für so manch einen Bestatter.

Ich freue mich über das Interesse an diesem Thema und hoffe Sie finden ein paar Anregungen für Ihre ganz eigene Arbeit mit Menschen.

An dieser Stelle möchte ich auch darauf hinweisen, dass ich im Verlauf des Buches für alle Beratungsformen die Bezeichnung Coaching nutze. Das liegt hauptsächlich an der Einfachheit im Schriftfluss und ist somit besser zu verstehen, als jede Beratungsform immer wieder einzeln anzusprechen. Irgendwie ist doch jede Form der Beratung auch eine Form des Coachings.

Bitte Entschuldigen Sie wenn ich Ihre Form der Beratung nicht explizit anspreche.
Des weiteren nutze ich in diesem Buch ausschließlich die männliche Schreibweise.
Auch dies dient lediglich der Vereinfachung.

Ich wünsche viel Freude beim lesen meines Buches. Vielleicht können Sie den ein oder anderen Aspekt mit in Ihre Beratungsarbeit übernehmen.

Es ist nur ein kleines Buch, welches dazu dienen soll, in der Praxis zu helfen.

1

<u>Was ist Trauer?</u>

Ganz am Anfang sollten wir vielleicht erst einmal herausfinden was Trauer eigentlich ist und was sie unter Umständen auch wieder nicht ist. Denn auch hier gibt es, wie so oft im Leben, verschiedene Auffassungen und Irrtümer unter den Menschen.

Grundsätzlich ist Trauer eine nach außen gerichtete Emotion, ein Gemütszustand. Trauer ist der Ausdruck einer tiefen Verbundenheit zu einem Menschen. Trauer ist eine Emotion des Abschieds. Die Trauer kann helfen, den Verstorbenen los und gehen zu lassen.
Durchaus ist Trauer auch auf andere Bereiche des Lebens übertragbar. Diese können z. B. verpasste Lebenschancen sein, eine gescheiterte Beziehung, ein Bruch von Vertrauen et cetera.
Wenn Kinder das Haus verlassen und erwachsen werden, empfinden wir neben Freude und Stolz auch Trauer. Denn in diesen Momenten müssen wir uns von jemandem und von einer Lebenssituation trennen. Wir müssen lieb gewonnene Gewohnheiten ändern, ob wir das wollen oder nicht.
In den meisten Fällen bezieht sich Trauer jedoch auf die Gefühle um den Verlust eines Menschen. Dies kann sicherlich jeder nachvollziehen und hat die Erfahrung der Ohnmacht und des Schmerzes den die Trauer auslöst, selbst gespürt.

Häufig wird im Volksmund falsch gedeutet, was Trauer ist oder was sie auslösen kann.

Oder anders:

Trauer ist niemals eine Krankheit und darf auch niemals als eine solche betrachtet werden.
Es gibt schwere Trauerverläufe die schnell den Eindruck vermitteln, eine ärztliche Hilfe wäre notwendig. Auch Psychotherapeuten kümmern sich gerne um Trauernde Menschen. Das ist sicherlich nicht verwerflich wenn man berücksichtigt was Krankenkassen für eine Psychotherapie bezahlen. Davon abgesehen müssen sie aber auch eine Behandlung beginnen, da ein Patient über Probleme berichtet. Die Hilfe, die in einer Therapie geboten wird, ist sicherlich gut und fachlich auf hohem Niveau, aber es vermittelt den Hinterbliebenen auch schnell ein falsches Bild. Es sagt den Menschen nämlich, dass Trauer etwas schlechtes ist. Dass diese behandelt werden muss und sogar behandelt werden kann. Sonst würde ja keine Therapie geboten. Die Wirklichkeit sieht leider all zu häufig anders aus. Wenn ich das Gefühl habe krank zu sein und dies von meinem Hausarzt und Therapeuten noch bestätigt wird, habe ich keine Chance die Trauer anzunehmen und sie ihre Arbeit machen zu lassen. Denn die Trauer heilt den Schmerz des Verlustes hilft die Realität des Todes zu erkennen. Trauer ist kein Kampf gegen schlechte bzw. unangenehme Gefühle. Trauer ist ein Segen in einer tiefen, emotionalen Krise. Der Tod eines geliebten Menschen ist wohl die tiefste und schmerzhafteste Erfahrung die wir machen können. Diese Krise nimmt Einfluss auf unser ganzes Leben. Darum müssen wir sie annehmen und dürfen sie nicht leugnen oder unterdrücken.

Denn Unterdrückung führt auf lange Sicht zu einer Rebellion. Die Seele schreit und erhebt sich. Sie übernimmt die Herrschaft über das Leben und nimmt den Trauernden die Chance, die Sehnsucht und den Schmerz zu verarbeiten und in das Leben zu integrieren.

Es stellt sich hier die Frage, warum Ärzte so schnell einen Therapeuten in Betracht ziehen und nicht auf Hilfe von Trauerbegleitern oder auf die mittlerweile zahlreichen Trauercafés und den ambulanten Hospizgesellschaften zurückgreifen.

Ein kleiner Exkurs zum Thema Was ist Trauer. Ich möchte hier eine Erklärung aus dem Buch *"Hypnosystemische Trauerbegleitung" von Roland Kachler* einfügen:

"In seelischen Ausnahmezuständen kommt es zu Stress in der Seele. In der Hypothalamus-Hypophyse-Nebennierenrindenachse (Stressachse) kommt es zu einem Anstieg des Cortisolspiegels. Gleichzeitig sinkt der Anteil an Noradrenalin, Serotonin und Dopamin. Dies führt zu einer depressiven Stimmungslage, welche wir als Trauer empfinden. Dieser Zustand nennt sich Distress Cries. Übersetzen kann man den Begriff mit dem deutschen Wort Notschreie."

Dieser Zustand kann sehr lange anhalten und sich unter Umständen verschlechtern. Dauert dieser Zustand über einen langen Zeitraum an, führt dies zu einer klinischen Depression. Darum ist es wichtig dies immer im Auge zu behalten.

Wie schon in den vielen und unterschiedlichsten Ausbildungen und Lehrgängen vermittelt wurde, ist hier darauf hinzuweisen, dass Depressionen und ähnliche Krankheitsbilder nicht in den Bereich eines Coachs oder sogar in den Bereich eines der vielen ehrenamtlichen Helfern gehören. Der Klient ist umgehend an einen Facharzt zu überweisen.

2

Inwiefern ist nun das Coaching
bzw. die Beratung von der Trauer betroffen?

Viele Klienten kommen in ein Coaching, je nach Motivation, mit eher dünnen und oberflächlichen Gründen. Dahinter stecken nicht selten Erlebnisse aus früheren Zeiten. Dies können Traumata sein, die nur mit äußerster Vorsicht besprochen werden sollten. Ein wirkliches Trauma ist nur etwas für speziell geschulte Menschen. Also für Therapeuten! Die Trauer hingegen kann von jedem ausgebildeten Coach und Berater thematisiert werden.

Familienmitglieder und Freunde machen das auch ohne Ausbildung. Lange nicht so effektiv wie es ein Profi machen würde, aber sie stehen zur Seite. Da ist eine Ausbildung der Coaches mehr als gut. Es kann schnell passieren, dass eine Coachingsitzung oder auch jede andere Form der Beratung eine unerwartete Wendung nimmt.

Hier kann es schnell passieren, dass wir unsere Rolle als Berater oder Coach verlieren und die Rolle eines Gefährten einnehmen. Das ist meist nicht das, was sich ein Coach für den weiteren Verlauf vorstellt. Aber es kann passieren. Da stellt sich die Frage, wie flexibel eine Beratungsstunde aufgebaut ist.

3

Trauer ist wie eine Wanderung.

Und muss ich auch wandern in finsterer Schlucht;
Ich fürchte kein Unheil, denn du bist bei mir.
(Psalm 23)

Ein schönes Zitat aus der Bibel, welches auf wunderbare Weise beschreibt, worum es in der Trauer gehen kann.

Auf unserem Weg durch die Trauer schreiten wir durch Höhenlagen, durch Täler und Schluchten. Doch dürfen wir nie vergessen, dass wir immer weiter wandern, wir bewegen uns und kommen voran. Schritt für Schritt. Stein um Stein.
Wir müssen uns auch in schweren und Krisen behafteten Zeiten bewegen und lange Wege in Kauf nehmen. Das gefällt sicherlich niemandem. Aber es ist eben auch nicht immer schön und ebenerdig in unserem Leben. Das Leben ist nicht nur sonnig. Es gibt auch Regentage und Tage wo der Sturm uns nicht vor die Tür lässt.

Roy Black sang einmal ein Lied mit dem Text:

Rosen ohne Dornen gibt es nicht.

Die Schönheit einer Rose ist umgeben von schmerzhaften Dornen und doch kaufen wir uns Rosen und stechen uns an eben diesen Dornen. Das nehmen wir in Kauf. Denn die Rose ist so wunderschön, dass sie es wert ist sich zu verletzen.

Manchmal gibt es Hindernisse oder Probleme auf unserem Lebensweg. Das ist nun mal so. Das war auch schon immer so und wird auch immer so sein.

Diese Hindernisse gilt es zu übersteigen. Anders kommen wir nicht ans Ziel! Es ist unnötig darüber zu klagen, wie schwer das jeweilige Leben ist. Dieses ändert sich durch wehklagen nämlich nicht.

Schnüren wir also die Schuhe und packen unseren Rucksack. Schon der Mineralölkonzern Esso sagte in den 70er Jahren:

"Es gibt viel zu tun. Packen wir es an!"

Genau so, und nicht anders sollten wir unser Leben und somit natürlich auch die Angehörigen bzw. Trauernde sehen und behandeln.

Da wir als Begleiter nie wissen, in welcher Verfassung und an welchem Ort sich der Klient gerade befindet, müssen wir hierbei allerdings sehr behutsam sein. Unsere Aufgabe ist da eher mit einem Schutzengel zu vergleichen, welcher aufpasst, dass nichts passiert und eingreift, wenn es mal wieder brenzlig wird. Wir bilden das Rettungsseil in den Schluchten oder sind ein griffiger Untergrund, wenn es rutschig wird. Reichen wir den Trauernden die Hand um ein Stück des Weges gemeinsam zu gehen. So können wir sie schützen und halten, wenn sie nicht weiter wissen.

In Zeiten der Trauer verlieren die meisten Menschen, je nach Umstand des Todes, die Orientierung im Leben. So wandern Trauernde, sinnbildlich gesehen, oft wirr umher, wie in einer trostlosen und nie enden wollenden Wüste. Dabei weinen sie bittere und schmerzhafte Tränen des Verlustes. Die Landschaft der Wüste ist schier trostlos. Sie scheint nie zu enden und besteht aus Sanddünen, aus Steinen und Geröll. Überall nur vertrocknetes und dorniges Gestrüpp. Farblos, trist und frei von erkennbarem Leben. Frei von der gewohnten Schönheit, frei des Friedens und der Harmonie. Ohne Ziel durchstreift ein Trauernder auf seiner Wanderung diese Landschaft. Jeder Schritt ist schmerzhaft und das Gestrüpp verletzt ihn mehr und mehr. Und doch wandert er verzweifelt weiter. Irgendwann versteht er, dass er innehalten muss und dass die Tränen eine Hilfe sind. Eine Hilfe, die zu neuem Leben und zu innerem Wachstum führt.

Auch die ödeste und trockenste Landschaft verbirgt immer auch Leben, wir müssen es nur wecken.

Wir können helfen die Sichtweisen zu ändern. Hierzu eine kleine Geschichte, die ich in den Weiten des Internets gefunden habe.

Warum der Schäfer jedes Wetter liebt

Ein Wanderer trifft einen Schäfer und fragt ihn:

"Sie können mir sicher sagen,
wie heute das Wetter wird?"

Der Schäfer sagt überzeugt:

"Genau so, wie ich es gerne habe."

Der Wanderer etwas verdutzt:

"Woher wissen Sie, dass es genau so sein wird?"

"Mein Freund, meine Erfahrung hat mir gezeigt, dass
ich nicht immer das bekomme, was ich mir wünsche.
Deshalb habe ich gelernt, stets das zu mögen, was ich
bekomme. Und so bin ich mir sicher, das Wetter wird
heute so sein, wie ich es mag."

Ist es nicht schön, wie sich die Dinge ändern können, wenn wir unsere Sicht auf eben diese Dinge ändern. Was immer geschieht, es liegt an uns, Glück oder Unglück in einer Lebenssituation zu sehen.
Wir als Berater können dem Trauernden helfen seinen Rucksack ganz nach seinen Bedürfnissen zu packen. Mit allem was er brauchen könnte.

Wenn wir uns nun auf eine solche Wanderung begeben, haben wir natürlich Erwartungen. Aber was uns wirklich unterwegs erwartet, das wissen wir vorher nicht. Das ist in jedweder Form der Beratung der Fall, und genauso wissen wir auch nicht wie es in der Trauer weiter geht und ob eine Begleitung wirklich erfolgreich ist und hilft.
Wie auch immer wir diese Wege in der Trauer definieren, wir alle müssen uns selbst bewegen um bei anderen etwas zu bewegen oder andere in Gang zu setzen und etwas zu bewirken. Machen wir uns also stets bewusst, was tief in uns selbst vorgeht und wie wir persönlich vielleicht reagieren würden. Eine gute Selbstreflektion kann der Schlüssel zum Herzen der Klienten sein. Sein eigenes Herz zu öffnen, ist manchmal der einzige Weg um den Klienten zu erreichen.
Oft ist es in der Begleitung gut, ein Gleichnis oder eine Bildhafte Vorstellung von etwas zu haben und dies dann zu vermitteln. Hier bieten sich Geschichten und Märchen an oder Metaphern und Bilder. Wer mit solchen Hilfsmitteln umgehen kann, wird sicherlich gute und hilfreiche Erfolge damit machen.

Es heißt: Nach der Ebbe kommt die Flut und bringt das Leben mit.

Egal wie weit das Leben floh, es kommt zurück. Nehmen wir Klienten an die Hand und gehen ein Stück des Weges mit ihnen. Halten und Stützen können wir sie, bis wir irgendwann mit ihnen in der Flut stehen und langsam den Griff lösen können.

Dann können wir uns mit ihnen freuen, weil sie endlich wieder alleine stehen können.

4

Trauerphasen

Die Trauerphasen wurden schon vor vielen Jahren von verschiedenen Autoren oder Fachleuten in diesem Bereich erarbeitet. Ich werde hier nicht tiefer drauf eingehen, aber diese Trauerphasen müssen auch einmal angesprochen werden.
Für weitere Informationen möchte ich auf die Bücher der entsprechenden Autoren verweisen.

Ich beziehe mich hier auf das Modell von Verena Kast:

Nach Verena Kast hießen die Trauerphasen:

Das Vierphasenmodell der Trauer nach Verena Kast

- Erste Phase: Leugnen, Nicht-wahr-haben-wollen

- Zweite Phase: Intensive auf brechende Emotionen

- Dritte Phase: Suchen, Finden, Loslassen

- Vierte Phase: Akzeptanz und Neuanfang

Die Trauerphasen sind ein theoretisches Gerüst welches im Coaching und der Beratung helfen kann, einen Trauernden zu lokalisieren. Es ist sehr theoretisch, da sich Trauernde nicht an dieses Modell halten und auch die Reihenfolge nicht verbindlich ist. Selbst wenn, würde es uns und dem Trauernden nichts bringen. Allerdings sind die Phasen auch nichts wirklich neues im Beratungssektor. Die Trauerphasen sind gut zu vergleichen mit dem Phasenmodell für Krisen von Kurt Lewin, dem Begründer der Sozialpsychologie. Dieser hat schon 1947 vorgeschlagen, Krisen und Veränderungen in Phasen einzuteilen. (Auszug aus dem Handbuch Coaching von Dr. Migge)

Diese sind:

• Schock

• Verneinung

• Einsicht

• Erkennen der Emotion

diese wird abgelehnt und bekämpft

• Emotionale Akzeptanz

• Ausprobieren

• Erkenntnis

Ob und wie man solche Phasenmodelle nutzen kann, muss sicherlich jeder selbst für sich entscheiden. Aber eine Vorstellung von Verläufen zu haben ist sicher nicht verkehrt. Wirklich helfen, in Bezug auf eine Art Heilung oder Genesung, können sie im Coaching oder in der Trauerbegleitung, nicht nur meiner Meinung nach, aber auch nicht.

Denn die Frage ist auch hierbei, welchen nutzen haben diese Phasen für den Klienten und welchen nutzen haben sie für den Berater. Angenommen diese Phasen sind eher ein Modell für den Berater, dann sollten wir uns fragen welchen Vorteil dieser Nutzen für den Berater, dann auch für den Klienten hat. Was bringt es dem Trauerverlauf wenn der Klient in einer Phase lokalisiert wird. Der Trauer selbst ist so etwas egal und dem Klienten doch eigentlich auch. Denn dieser will nur einen Weg finden mit der Trauer umzugehen und den Verlust zu verarbeiten. Der Klient hat einen geliebten Menschen verloren und da interessiert es ihn herzlich wenig ob er sich in in einer Phase des Schocks oder anderen Phasen befindet. Wir müssen ihm helfen diesen Weg zu gehen und zur Seite stehen aber wir dürfen ihn nicht unnötig kategorisieren und in Schubladen packen. Das passiert nämlich schnell wenn wir uns zu sehr auf solche Modelle stürzen.

Ich möchte in keinster Weise Kritik an den jeweiligen Autoren ausüben. Aber mir sind viele Menschen begegnet die in ihrer Arbeit mit Angehörigen von Verstorbenen, solche Phasenmodelle als grundlegendes Werkzeug nutzen. Oft kennen diese Berater nichts anderes, weil ihnen nichts anderes gelehrt wurde. Es wurde nie richtig oder sogar gar nicht erklärt. Viele Menschen die in der Beratung tätig sind, haben sich einfach nur Bücher gekauft und sich alles selbst beigebracht. Ohne einen Austausch mit anderen Berufskollegen und ohne weitere Vertiefungen und auch Erfahrungen in diesem Thema, ist eine Tätigkeit in der Beratung eher fahrlässig.
In meiner Ausbildung zum Trauerbegleiter haben wir auch über solche Phasenmodelle gesprochen. Uns wurde nahegelegt diese Bücher zu lesen und zu erarbeiten. Es war aber eher ein Thema welches andere Themen begleitet und unterstützt hat.

Ich kenne so manch einen meiner Berufskollegen aus der Bestattungsbranche, die das Thema nicht weiter erarbeitet haben. Somit gilt meine Kritik diesen Menschen und nicht den Autoren.

Ein Buch alleine, macht noch keinen Berater. Das wird häufig vergessen.

5

Trauertrance

Trauer ist auch ein traumatisches Erlebnis, eine seelische Verletzung. Diese Erfahrung ist für viele neu, und vieles was nun auf Sie zukommt, ist unbekannt. Es ist schwer zu begreifen, was im Betroffenen vorgeht, und warum man Probleme damit hat fertig zu werden. Nach einem traumatischen Erlebnis fühlen sich fast alle Menschen wie seelisch taub, danach treten oft unangenehme Gedanken, Augenblicke, Gefühle und Körperempfindungen auf. Es kann recht lange dauern bis diese wieder abklingen.

In der Zeit nach dem Trauma kommen einem ungewollt Bilder, Geräusche oder auch Stimmen auf. Oder es können auch Gerüche, Geschmack und andere Empfindungen und Gedanken an den Verstorbenen sein, auch wenn man versucht diese beiseite zu schieben. Diese genannten Empfindungen nennen sich auch Trauertrance oder Phänomene der Trauer. Das kann verwirrend und erschreckend sein. Manche fragen sich dann schon, komme ich jemals darüber hinweg? Sie haben das Gefühl sich nicht mehr im Griff zu haben, oder verrückt zu sein. Solche Sorgen sind vollkommen normal und verständlich. Diese Gedanken, Gefühle und Empfindungen sind eine normale Reaktion auf ein schweres Ereignis. All diese Reaktionen zeigen, dass die Seele versucht diese Erfahrung zu verarbeiten und in den weiteren Lebenslauf einzugliedern. Jeder Mensch reagiert auf seine eigene Art und Weise auf das Trauma. Trotzdem gibt es Reaktionen, die bei vielen Menschen ähnlich oder sogar gleich sind.

Die Trancephänomene der Trauer werden als Ressource wertgeschätzt, da sie in der Entwicklung zu einer Lösung führen. Nachfolgend beziehe ich mich hier frei auf eine Veröffentlichung von *Roland Kachler in seinem Buch Hypnosystemische Trauerbegleitung. (Welches ich jedem ans Herz lege)*

• **Derealisation**:

Ist die verfremdete Wahrnehmung der Umwelt und des eigenen Seins.

• **Dissoziation**:

Das teilweise oder vollständige Auseinanderfallen von zusammenhängenden Funktionen der Wahrnehmung, des Bewusstseins, des Gedächtnisses, der Identität und der Motorik.

• **Analgesie**:

Der Schmerz wird abgespalten und teilweise unterdrückt.

• **Amnesie/Hyperamnesie**:

Detailgetreue Erinnerungen an alle Einzelheiten. Durch Dissoziation abgespaltenes kann nicht erinnert werden.

• **Zeitverzerrung**:

Das eigene Zeiterleben wird falsch eingeschätzt

• **Hyperalgesie**:

Der seelische Schmerz überkommt den Trauernden und es entsteht ein körperlicher Schmerz.

• **Innere Bilder**:

Ständig aufkommende Bilder und Erinnerungen. Ein zentraler Prozess in der Trauer

• **Altersregression oder Progression**:

Das eigene Alter wird falsch eingeschätzt

• **Halluzinatorische Erfahrungen**:

In der äußeren Realität erlebte, imaginative, sensorische und akustische Wahrnehmungen zum Verstorbenen.

6

Die Bedürfnisse eines Menschen

Jeder Mensch hat Bedürfnisse im Leben, welche starken Einfluss auf die Persönlichkeit und die Entwicklung des jeweiligen nehmen. Es gibt in der Beratung und der Psychologie viele verschiedene Modelle über die Bedürfnisse eines Menschen. Am bekanntesten ist sicher das Modell:
Die Maslowsche Bedürfnishierarchie
des Psychologen Abraham Maslow.

In der Trauer bietet sich das Modell von Klaus Grawe, meiner Meinung nach, unter allen anderen besonders an.

Die Grundbedürfnisse nach Klaus Grawe:

• Das Bedürfnis nach Selbstwerterhöhung

und Selbstwertschutz

• Das Bindungsbedürfnis

• Das Bedürfnis nach Autonomie und Kontrolle

• Das Bedürfnis nach Lustgewinn

und Unlustvermeidung

Die Bedürfnisse eines Menschen begleiten uns immer in der Beratung und sind keine Erfindung speziell für die Trauerarbeit. Sie sind in der Beratung vielmehr eine Grundlage der Kommunikation und wird in vielen psychologischen Schulungen geleert. Im Coaching stoßen wir oft auf Konflikte in den jeweiligen Bedürfnissen. Wir können Coaching ohne das Wissen um die Bedürfnisse durchführen, jedoch werden wir nie sehr weit kommen und auch nicht zum innersten des Klienten vordringen, wenn wir dessen Bedürfnisse ignorieren. Das käme einer Beratung mit der Brechstange gleich.

Wie ein aufgezwungener Wille oder Wunsch, den der Klient eigentlich nicht hat, ihm aber vorgegaukelt wird um schnelle Erfolge zu erzielen. Das erinnert wohl eher an ein Verkaufscoaching, in dem Verkäufern erklärt wird, auf möglichst schnelle Weise viel zu verkaufen. Ob der Kunde dieses Produkt wirklich für sein Leben braucht, ist dabei bekanntlich häufig fraglich.

Auf der einen Seite können unbefriedigte Bedürfnisse den Prozess blockieren und auf der anderen Seite kann die Befriedigung dieser Bedürfnisse den Prozess immens erleichtern. Allerdings bekommen diese Grundbedürfnisse in der Trauerarbeit ein andere und auch elementare Bedeutung. Damit wir in der Trauerarbeit voran kommen, müssen wir uns um die Bedürfnisse des Klienten besonders kümmern, auf sie eingehen und versuchen an ihnen zu arbeiten und eventuell dadurch Erkenntnisse über das Verhalten des Klienten zu bekommen. Im Coaching heißt dies dann vielleicht: Warum sitzt diese Trauer oder Traumatisierung beim Klienten so tief und so fest, dass es ihn in seinem Leben blockiert und weitere Probleme nach sich zieht?

Ich selbst frage mich im Leben immer wieder: Ist diese Problem welches ich jetzt habe, vielleicht der Grund oder das Resultat anderer Probleme?

In der Beratung können wir uns fragen: Ist die Trauer der Grund für andere Probleme oder sind die aufgetretenen Probleme der Grund für die aufkommende Trauer?

Das ist in einer reinen Coachingsitzung nur sehr schwer und mühsam zu erörtern. Dabei kann es eigentlich ganz einfach sein. Denn die Antwort darauf finden wir immer, in eben diesen genannten Grundbedürfnissen eines Menschen. Diese sind es nämlich, die das Leben des jeweiligen Menschen steuern. Daraus entstehen Verhaltensweisen und Muster. Daraus entstehen wiederum oft auch Probleme, weil, wie wir bekanntlich wissen, nicht jedes unserer Verhalten nützlich ist. Wenn wir als Berater erkennen, in welchem grundlegendem Bedürfnis ein Klient nun Differenzen hat, können wir dies für die Beratung nutzen und dem Klienten wirklich helfen. Die Arbeit an der Trauer kann genau hier für den Berater beginnen.

Wenn ich mit Klienten spreche, egal ob Coaching oder Trauerbegleitung, versuche ich genau hier, bereits in der ersten Sitzung oder schon im ersten Telefonat, mir ein Bild davon zu machen, welche Bedürfnisse der Klient überhaupt im Leben hat und welche Bedürfnisse durch den Verlust eines geliebten Menschen, oder, wie im Coaching viel häufiger anzutreffen, durch ein Problem oder einen unangenehmen Umstand verletzt wurden. Die Frage ist hier: Wobei wird der Klient gestört? Was musste er ändern oder aufgeben? Wie kann es sein, dass ein Umstand bzw. ein Ereignis im Leben dazu führt, dass es einen Menschen unter Umständen komplett aus der Bahn wirft? Oder auch: Wie kann es sein, dass der Klient so lange nichts gesagt hat? Warum blockiert ihn dieses Ereignis so dermaßen, dass er sogar die Kontrolle über sein Leben verliert?

Solche oder ähnliche Fragen können wir uns bereits stellen, bevor wir in die Beratung gehen. Anhand ähnlicher Fragen erstelle ich vor einem Erstgespräch mit dem Klienten einen Anamnesebogen, der nur auf dem ersten, meist telefonischen Kontakt beruht.

Fassen wir einmal zusammen und bringen es auf den Punkt:

Wir alle haben bestimmte Bedürfnisse im Leben. Dazu gehören die grundlegenden physiologischen Bedürfnisse wie z. B. Schlaf, Nahrung, Liebe und vielleicht ein Dach über dem Kopf.
Aber auch die emotionalen und sozialen Bedürfnisse spielen eine große Rolle in unserem Leben. Dies sind beispielsweise Sicherheit, Anerkennung, Bindung, Macht und auch ein intaktes Selbstwertgefühl.
Unser Verhalten und unsere Handlungen dienen letztlich immer auch der Befriedigung unserer Bedürfnisse. Die Motive hier sind vielfältig und nicht immer einfach. Unsere Handlungen führen uns auch immer wieder zu Konflikten. Wir handeln, weil wir uns an etwas annähern möchten und handeln vielleicht auch nicht, weil wir etwas vermeiden möchten. Dies nennt sich auch Annäherungs- und Vermeidungskonflikt. Wir vermeiden eine Handlung, weil sie uns, wie auch immer, eventuell schwer fällt obwohl wir genau wissen, dass diese Handlung uns bei unserem Problem helfen könnte. Wir kennen das alle aus der Partnerschaft. Hier ordnen wir uns manchmal unter und gehen Diskussionen aus dem Weg, weil sie dem anderen oder der Beziehung schaden könnten.

Kommen wir jetzt noch einmal zu den Bedürfnissen im einzelnen.

Welche Bedürfnisse gibt es jetzt?

• Das Bedürfnis nach Orientierung und Kontrolle

• Das Bedürfnis nach Selbstwerterhöhung und
Selbstwertschutz

• Das Bedürfnis nach Lustgewinn und Unlustvermeidung

• Das Bindungsbedürfnis

1. Das Bedürfnis nach Orientierung und Kontrolle

Im allgemeinen sind wir Menschen der Meinung, dass wir unsere Umwelt selbst gestalten und unsere Ziele erreichen können. Wir formen unser Leben selbst und sind der Herr, in genau diesem Leben. Bis etwas passiert und eine für uns höhere Gewalt von außen auf uns einwirkt. Seien es Unfälle oder Krankheiten, Gewalt oder Missbrauch, Tod oder Trennungen, Verlust des Jobs oder vieles andere. All solche Dinge zeigen uns, dass wir die Kontrolle nicht halten konnten und auch unsere Orientierung verloren haben. Wir werden in unserem Recht auf Integrität verletzt.

2. Das Bedürfnis nach Selbstwerterhöhung und Selbstwertschutz

Ein Punkt der uns von anderen Lebewesen unterscheidet ist, dass wir Menschen ein Selbstwertgefühl haben, welches wir um jeden Preis schützen und erhöhen wollen. Der Mensch möchte von anderen geschätzt und geachtet werden, sich kompetent und wertvoll fühlen. Ein ganz wichtiger Punkt, der einzig und allein dazu dient, uns selbst gut zu fühlen. Traumatische Ereignisse können das eigene Selbstbild stark in Mitleidenschaft ziehen. Hierbei geht es ausschließlich um uns selbst.

3. Das Bedürfnis nach Lustgewinn und Unlustvermeidung

Wir alle möchten angenehmes erleben und unangenehmen aus dem Weg gehen. Doch das geht leider nicht immer. Wir müssen uns im Leben oft Situationen stellen, die für uns unangenehm sind und auf die wir vielleicht keine Lust oder sogar Angst haben. Diese versuchen wir zu vermeiden und machen stattdessen lieber etwas angenehmes. Das beginnt bereits im kleinen Rahmen. Anstelle sich um die Steuererklärung zu kümmern oder Rechnungen zu bezahlen gehen wir lieber mit Freunden ein Bier trinken.

4. Das Bindungsbedürfnis

Menschen haben das Bedürfnis nach sicheren und vertrauten Beziehungen. Wir wünschen uns in einer Bindung, gleich welcher Art, anerkannt und geschätzt zu werden. Durch die Bindung an eine andere Person erhoffen wir uns unter anderem auch Sicherheit und Schutz. Im Falle einer Trennung zu dieser anderen Person bricht das Bedürfnis nach Bindung umso mehr heraus. All das, was wir uns durch die Bindung erhofft haben geht verloren.

Es ist nicht schwer zu erkennen, wie wichtig Bedürfnisse für uns sind. Meist nehmen wir sie gar nicht bewusst wahr, denn sie sind so selbstverständlich für uns geworden, dass wir sie einfach nicht mehr sehen. Wie so vieles im Leben nehmen wir das, was uns täglich umgibt für normal und selbstverständlich hin. Es ist einfach da und war immer da. Bis es eines Tages eben nicht mehr da ist. Doch vergessen wir nie. Egal was für ein Problem uns ereilte, welche Hürden auch vor uns liegen, die unseren ganz eigenen Bedürfnisse bleiben bestehen und helfen uns nach vorne zu schauen und an uns zu arbeiten. Jeder Schicksalsschlag ruft den tiefsten und innersten Wunsch nach Glück und Frieden in uns hervor. Dieser Gedanke ist es, der uns wirklich genesen lässt und uns zu Kämpfern macht.

Zu beachten ist die Tatsache, dass die Trauer auch etwas ist, was aus dem sozialen Gefüge heraus entsteht. Wir Menschen haben uns dazu entschieden, ein soziales Umfeld, also Freunde und Familie, in unser Leben zu lassen. Diese Menschen lieben wir und sie bereichern unser Leben. Das Leben wird gemeinsam geplant, ganz nach den jeweiligen Bedürfnissen. Stirbt jemand aus diesem Gefüge, beginnen wir zu trauern. Aus Liebe oder auch aus Enttäuschung. Enttäuschung darüber, weil die gemeinsamen Pläne beendet sind und nicht weitergeführt werden können. Man könnte sich fragen, worum überhaupt getrauert wird.

Trauern wir um den Tod eines geliebten Menschen, oder beklagen wir unseren eigenen Verlust?

Wenn wir uns jetzt ein Bild von den Bedürfnissen des Klienten gemacht haben, können wir auch schnell ableiten, welches weitere Vorgehen ihm entsprechen könnte.

Denken wir somit an die verschiedenen Ansätze die in der Trauer bekannt sind.

7

Traueransätze

Unser oft umstrittener Freund und hoffentlich von allen hoch geachteter Sigmund Freud hatte eine ganz eigene und spezielle Vorstellung von Trauer-bewältigung. Er nannte es auch Trauer*arbeit*. Der Begriff passt hervorragend zu seiner Theorie, da es wahrscheinlich die schwerere Methode im Umgang mit der Trauer ist.

Er war der Meinung, dass man nur durch langsames und allmähliches Loslassen der Erinnerungen an den Toten und der Sehnsüchte nach ihm, die Trauer wirklich bewältigen könnte. Seiner Auffassung nach müsse man sämtliche emotionalen Bindungen zum verstorbenen Menschen lösen, ehe man die Trauer endgültig bewältigt hat. Auf den Punkt gebracht heißt es also Loslassen und sich von dem Verstorbenen Menschen trennen und abkapseln.

Das klingt vielleicht hart und fast absurd, aber über viele Jahre war genau dies der Ansatz, den Berater und Therapeuten gefolgt sind. Spannend ist hier zu erwähnen, dass dies auch heute noch der Fall ist. Zumindest teilweise. Ich bin selbst auf Menschen gestoßen, die im Gespräch mit Trauernden immer wieder betonen, wie wichtig es ist so zu handeln. Ohne Rücksicht auf die eigentlichen Bedürfnisse des Klienten. Denn es stellt sich doch die Frage, ob der Klient das überhaupt möchte. Nur die wenigsten sind dazu bereit, sich los zu lösen, den Verstorbenen gehen zu lassen. Der Abschied ist schließlich nicht gewollt. Darum will er sich jetzt auch nicht noch weiter trennen. Angehörige von verstorbenen wollen häufig an der Beziehung festhalten. Für mich ist die Anwendung dieser freudschen Form sehr erschreckend und längst nicht mehr zeitgemäß. Ob dies jemals gut gewesen ist, sei dahin gestellt.

Ja zugegeben, auch ich nutze diesen Ansatz. Das mach ich in der Beratung, sowie auch im eigenen Umfeld. Bei meinem Vater und bei meiner Mutter, sowie auch bei anderen Familienmitgliedern die verstorben sind. Den Schritt zu dieser Art von Trauerarbeit habe ich bewusst gewählt und er hat gut funktioniert. Aber er funktioniert für mich, weil ich ihn für mich und meine Bedürfnisse als den richtigen Aspekt sehe. In den fast 20 Jahren, in denen ich mit Trauernden arbeite, ist mir nur äußerst selten jemand begegnet, wo dieser Ansatz voll zu getroffen hätte. Somit halte ich es für falsch, Angehörigen zu sagen, was gut oder schlecht für sie ist. Das machen sie schon selbst, wenn sie soweit sind und es selber wissen.

Heute geht man auch eher dazu über, beziehungsorientiert und systemisch zu arbeiten. Das klingt nicht nur besser als Verdrängung und Loslösung, sondern findet auch regen Anklang unter Beratern und auch bei den Trauernden. Die Welt ist offener geworden für alles, dies gilt auch für Veränderungen. Wozu sollte also an den alten Mustern festgehalten werden? Menschen entwickeln sich und sind offen für Spiritualität und seelischen Wachstum.

In diesem Ansatz wird der Verstorbene und die damit verbundenen Emotionen gelebt und erhalten. Sie werden in das neue Leben integriert und nicht geleugnet oder unterdrückt. So bleibt die Beziehung zum Verstorbenen erhalten. Daraus entstehen ganz neue Ansatzmöglichkeiten für die Entwicklung von Trauer und für den Hinterbliebenen. Der Verstorbene verlässt somit nie die Bindung zur Familie.

Der traditionelle Ansatz von Sigmund Freud kommt der Form von Unterdrückung sehr nahe. Es ist wenig Platz für Tränen vorhanden und auch persönliche Bedürfnisse gehen mehr oder weniger unter. Es geht nicht darum was der Angehörige will, sondern was der Berater meint, was für ihn gut ist. Damit unterdrücken wir die Trauer und die damit verbundenen schmerzhaften Emotionen.
Wo Unterdrückung hinführt haben wir bereits gehört. Zur Rebellion der Seele. Daraus können Wut und Aggression entstehen. Diese kann gegen sich selbst und auch gegen andere gerichtet sein. Eine Wut die gegen sich selbst gerichtet ist, kann in ungünstigen Konstellationen, nicht selten zu Depressionen und auch zum Suizid führen.

Welche Form wir auch immer wählen und mit dem Klienten gemeinsam begehen, es ist niemals die Entscheidung des Beraters eine Variante auszuwählen und dem Klienten zu servieren. Das wäre wieder ein Vorgehen mit der Brechstange. Aber durch eine gute Einschätzung und durch gute Beobachtung können wir schnell merken, welche Bedürfnisse er hat und was ihm gut tun könnte. Darum müssen wir uns bereits früh mit diesem Thema beschäftigen, wenn wir uns für ein weiteres Vorgehen entscheiden.
Die Traueransätze sind alle gut, egal welchen Ansatz wir auch begehen. Der Klient muss sich immer wohl und verstanden fühlen. Nicht jeder möchte dauernd an den Verstorbenen erinnert werden und ihn in sein Leben integrieren. Auf der anderen Seite ist die

vollständige Abspaltung auch nicht jedermanns Sache. Genauso kann man niemanden zwingen zum Grab zu gehen, davon abzuraten ist allerdings auch wieder nicht gut. Letztendlich müssen wir als Berater diese Entscheidung auch gar nicht treffen. Trotzdem dürfen wir aber auch nicht vergessen, dass wir mittendrin stehen und vielleicht Verantwortung übernehmen müssen, wenn Klienten unzufrieden sind oder sogar psychisch Probleme bekommen, weil wir uns als Berater schlecht verhalten haben. Eine Traumatisierung kann schwerwiegende Folgen haben.

Es ist an dieser Stelle wichtig zu erwähnen, wie wichtig es ist eine offene Grundhaltung zu haben. Wenn wir Rituale begehen oder uns auf dem Weg machen, Menschen in Krisen zu begleiten, ist es wichtig die eigene Hilflosigkeit anzuerkennen. Wir müssen uns in Demut üben und akzeptieren, dass wir nicht heilen können und unter Umständen eine Begleitung nicht erfolgreich abschließen werden. Doch wir können es versuchen und unser bestes geben. Viele Gespräche bringen uns an den Rand unserer Fähigkeiten und Möglichkeiten. Da müssen wir lernen, wo wir persönlich unsere Grenzen haben und uns selbst reflektieren. So manches mal sind wir einfach nur hilflos und wissen selbst nicht weiter. Das ist ein Punkt, der uns nicht unangenehm sein muss. Ganz im Gegenteil. Denn er zeigt dem Klienten auch auf, dass es nicht einfach ist und ein Berater auch kein Superheld ist. Nichts lässt sich durch ein Finger schnippen beseitigen. Hilflosigkeit macht uns menschlich. Dadurch kann ein "WIR" Gefühl entstehen.

Wir als Berater müssen uns im wesentlichen auf ein paar wenige Grundprinzipien einstellen. Diese sind von äußerster Wichtigkeit und Bedeutung, aber auch nichts anderes als: Da zu sein, Zu zuhören, Mitgefühl zu haben und zu begreifen, dass jede Trauer einmalig ist.

Das dürfen wir nie vergessen wenn wir mit Trauernden oder mit Menschen in Lebenskrisen arbeiten wollen.

8

<u>Mitleid, Mitgefühl oder Anteilnahme?</u>

Für die meisten Menschen werden die Unterschiede zwischen diesen Punkten nur marginal sein. Doch näher betrachtet weisen sie doch deutliche Unterschiede auf.

Grundsätzlich muss sicherlich jeder für sich selbst wissen, ob er anderen gegenüber sein Mitgefühl, sein Mitleid oder seine Anteilnahme zum Ausdruck bringt. Doch liegt gerade bei diesem Thema, der Teufel, sprichwörtlich gesehen, im Detail.

Gerade hier werden bedeutsame Worte und Worte mit viel Aussagekraft zu Floskeln. Die Anteilnahme wird zu einer standardisierten Aussage ohne Inhalt. Werden solche Worte gesagt und es folgen keine Handlungen, sind es nur leere Worthülsen, die keinem wirklich etwas bringen.

Vor ein paar Jahren habe ich mit einem Kollegen das Haus einer Familie betreten um eine Überführung eines verstorbenen durchzuführen. Ich sagte nur guten Tag und meinen Namen, sowie den Grund wofür ich dort bin. Da bedankte sich die Dame. Auf meine Frage hin, wofür sie sich bedanken würde, sagte sie verwundert: "Sie haben mir doch Beileid gewünscht. Dafür bedankt man sich doch."

Eigentlich sagte ich das nicht. Das habe ich noch nie. Ein Großteil meiner Berufskollegen macht das nicht. Es wäre auch nicht richtig.

Ja, es tut mit Leid für die Familie.

Ja, ich fühle mit ihnen.

Ja, ich nehme Anteil an ihrer Trauer.

Aber nicht mit standardisierten oder regelrecht einstudierten Worten.

Ich bin da.

Ich helfe.

Ich begleite.

Ich höre zu.

Ich versuche Rat zu geben.

Ich schenke Zeit und Raum für Emotionen.

Somit mache ich all das, was andere in Worten ausdrücken, aber nicht in die Tat umsetzen.
Ich sage nicht: Meine herzliche Anteilnahme.
Ich bin präsent und Anwesend, öffne mein Herz und versuche selbst den Mut zu finden, den Trauernden beizustehen und treu an ihrer Seite zu sein. Da haben sie langfristig mehr von.

Was ist der Unterschied zwischen Mitgefühl und Mitleid. Was ist Anteilnahme?

Am einfachsten ist sicherlich der Punkt der Anteilnahme zu erklären. Wie schon geschrieben, ist dies der Teil der Begleitung, wo wir wirklich bei den Angehörigen sind. Jedes tröstende Wort, jede Unterstützung und jede Handlung die irgendwie hilft und aus Liebe erfolgt, ist Anteilnahme. Das ist nicht die Liebe wie zwischen einem Paar. Es ist die Liebe an sich. Die Liebe zum Leben, zu den Menschen, die Liebe zur Liebe und zur Nächstenliebe. Vielleicht einfach weil, wir die Situation nach empfinden oder Mitfühlen können weil wir es selbst bereits erlebt haben.

Das ist Mitgefühl. Sich in die Situation des anderen versetzen zu können und zu fühlen was er fühlt. Sich mit der Situation auseinander zu setzen und versuchen die Gefühlswelt des anderen zu erreichen. Mit ihm fühlen.

Im Mitleid selbst schwingt immer etwas Egoismus mit. Denn ich habe Mitleid, heißt auch nichts andere als;

Ich leide.

Mir geht es schlecht.

Mir geht es schlecht, weil es dir schlecht geht.

Leidest du, leide ich.

Das braucht niemand. Niemand, der selbst trauert und leidet, braucht jemanden der auch trauert und leidet. Sicherlich kann es gut sein, wenn eine gute Freundin oder ein guter Freund zur Seite steht und die eigene

Traurigkeit und die Tränen nicht unterdrückt. In gewissem Maße erwarten wir das auch von engen sozialen Bindungen. Aber wir erwarten auch, dass dieser jemand neben all den Tränen auch den Überblick behält und aufpasst, dass es mir selbst gut geht. Dass ich nicht abrutsche und mich in der Trauer verliere oder sogar daran erkranke. Dieser jemand, also unser Freund/unsere Freundin, ist verantwortlich dafür, dass ich alles lebenswichtige aufrecht erhalte.

Das heißt, er passt auf,

dass ich esse obwohl ich das nicht möchte.

Er passt im Gegenzug auch auf,

dass ich nicht zu viel esse.

Er passt auf, dass ich nicht zu viel Alkohol trinke,

wenn mir danach ist.

Er passt auf, dass ich weiter zur Arbeit gehe.

Er passt auf,

dass ich meinen Lebensmut nicht verliere.

Er ist da, wenn ich ihn brauche.

Er ist für das da,

für was auch immer ich ihn gerade brauche.

Außerdem will im Leben wahrscheinlich keiner bemitleidet werden. Jeder will verstanden werden. Jeder will geliebt werden. Will glücklich sein. Da brauchen wir Gefühle, die wir teilen können und

Menschen die mit uns fühlen. Leiden können wir auch alleine. Das ist schwer genug.

Geteiltes Leid ist bekanntlich halbes Leid. Aber in einer leidvollen Situation, einem anderen sein Leid zu übergeben, bringt in der Trauer recht wenig. Viel mehr brauchen wir Liebe. Denn Liebe verdoppelt sich wenn man sie teilt.

Wie auch immer sie das sehen, bedenken sie immer, dass Worte grundsätzlich mehr sind als ein verbale Benennung der Dinge. Viele Worte richten mehr Schaden an, als sie eigentlich sollten. Je nach dem wie der Klient und, im allgemeinen Gebrauch der Gesprächspartner, diese Worte auffasst. Worte haben die Kraft zu heilen. Aber sie können auch das Gegenteil bewirken. Wir wissen im Vorfeld nie, wie unser Gegenüber unsere gut gemeinten Worte auffassen wird.

Das gilt auch für körpersprachliche Signale die wir senden.

In der Beratung neige ich persönlich schnell dazu die Mundwinkel leicht nach oben zu ziehen. Wie beim Lächeln auch. Ich freue mich in diesem Moment, dass der Klient über seine Gefühle spricht. Auch wenn er weint und traurig ist. Mir wird warm ums Herz und ich bin voller Liebe für den Klienten. Mein Mitgefühl ist ganz bei ihm. Mich macht das glücklich, dass ich diese Ebene der Emotion erreicht habe. Wenn ich glücklich bin, kann ich nicht traurig gucken. Leider kann es passieren, dass Klienten das anders wahrnehmen. Als Belächeln vielleicht. Das passiert seltenst, aber die Gefahr besteht immer. Ich kann aber nicht mit einem sogenannten Pokerface in der Beratung sitzen. Das habe ich nie gemacht und das werde ich nie machen.

Einen überaus traurigen Moment unterdrücke ich schließlich auch nicht.

9

Nicht "Warum?" sondern "Wozu?"

Der Verlust eines geliebten Menschen stellt alle Betroffenen vor eine unfassbare und schmerzhafte Situation. Diese Situation ist für die meisten Menschen überhaupt nicht fassbar und schier unbegreiflich. Es werden Erklärungen gesucht und Antworten auf Fragen gestellt, die zu nichts führen. So werden Fragen an Menschen gestellt, die überhaupt keine Antworten liefern können. Es werden Fragen gestellt, die häufig überhaupt nicht zu beantworten sind. Eine vielleicht ganz typische Frage von Trauernden ist immer wieder: Warum ist er gestorben? Warum passiert das mir? Warum gerade jetzt? Wie hätte ich es verhindern können?

Wer vermag da schon eine korrekte Antwort wissen? Ich würde es mich nicht wagen eine Antwort zu liefern.
Aber eigentlich ist diese Art der Fragestellung nicht sinnvoll. Denn sie ist behaftet mit Vorwürfen und mit Anschuldigungen. Irgendwie geht es immer um eine Rechtfertigung. Entweder durch den Trauernden selbst oder durch den Verstorbenen. Das führt auf lange Sicht zu nichts. Denn selbst wenn eine akzeptable Antwort gefunden würde, würde sie nichts ändern. Weder am Tod, noch an der Trauer.

Somit ist es meistens viel sinnvoller und zweckmäßiger zu fragen:

Wozu? Wozu ist es gut?

Ein "Warum" sucht immer nach einer Erklärung. Warum ist dies oder jenes passiert? Wer ist dafür verantwortlich? Hätte man es ändern können? Usw. Ein Frage nach dem "Wozu" sucht allerdings nach einem Ziel bzw. nach einer Lösung. Anders gesagt: Was kann ich aus der Situation machen? Das ist es doch wo wir eigentlich hin wollen. Wir wollen Ziel und Lösungsorientiert arbeiten. Hinfort von dem schmerzhaften und unerträglichen Teil der Trauer. Hin zu einer Trauer, die erträglich, sinnvoll und weniger schmerzhaft ist. Dem Angehörigen zu einer neuen Identität verhelfen. Vielleicht ist hier ein Punkt, der auf ein Ziel hinführt. Es ist aber noch lange kann zielorientiertes Coaching. Von dieser Beratungsform haben wir uns ja bereits kurzfristig verabschiedet.

Bei der Fragestellung wozu etwas gut ist, geht es schnell um Spirituelle Themen. Wer sich hier nicht auskennt, kann schnell ins rutschen geraten.

Es macht keinen Sinn im Tod immer einen Sinn zu suchen und zu versuchen, alles Geschehene erklären zu müssen. Viele gläubige Menschen finden in ihrem Glauben eine, für sie selbst, gute Erklärung für den Tod und sehen so einen Sinn und finden den nötigen Trost. So etwas kann sehr wertvoll sein. Aber längst nicht jeder Mensch ist so gläubig, dass er darin Trost findet. Was ist mit denen, die gar nicht gläubig sind? Leiden diese mehr? Leiden sie weniger? Wahrscheinlich nicht. Zu glauben, ist etwas, was wir bereits zu Lebzeiten vor der Krise praktizieren müssen, um wirklich eine Art Ressource darin zu finden. Was ist wenn der verstorbene Partner einen anderen Glauben hat, wie der Hinterbliebene.

Meine Frau sagt immer, mit dem Tod sei alles vorbei. Ich selbst bin Buddhist und glaube an Wiedergeburt. Haben wir jetzt ein Problem? Trauert einer von uns im Todesfall jetzt mehr als der andere? Ich glaube das nicht. Für meine Auffassung ändert sich an der eigentlichen Traurigkeit nicht viel, nur weil jemand eine Vorstellung vom Jenseits hat. Wer mag schon sagen, welcher Glaube richtig ist!?

Durchaus kann man aber sagen, dass der Tod ein Teil des Lebens ist. Nicht jeder Todesfall muss einen Sinn ergeben oder für höheres bestimmt sein. Der Tod darf auch sinnlos sein.

An dieser Stelle möchte ich Bert Hellinger zitieren:

"Es genügt das Schicksal und den Lebensweg des anderen zu achten und mit Respekt wahrzunehmen. Mehr steht mir eigentlich auch nicht zu."

Bei diesem Thema müssen wir aufpassen. Denn Themen die uns selbst nicht lieb sind oder von denen wir einfach nichts oder zu wenig verstehen, führen uns auch schnell aufs Glatteis. Angehörige merken dies und verschließen sich schnell wieder. In der Beratung verlieren wir somit den Rapport. Dies schadet nicht nur dem Gespräch sondern auch langfristig dem Klienten. Eine verlorene Vertrauensbasis bauen wir so schnell nicht wieder auf. Dies gilt grundsätzlich für alle Formen der Beratung.

10

Destruktive Mythen und
Krankmachende Regeln für Trauernde

In der Arbeit mit Trauernden stoßen wir immer wieder Mythen und Regeln die dem Menschen mehr oder weniger freiwillig auferlegt wurden. Diese eher destruktiven Mythen über Schmerz und Trauer sollten aufgedeckt und geklärt werden.
Wir alle kennen solche destruktiven Mythen. Diese schaden uns und dem Trauerprozess. Aber wir haben sie verinnerlicht. Sie haften an uns wie Glaubenssätze und hindern uns so an der Entwicklung.

Hier sind ein paar Beispiele:

• Der Tod ist etwas, worüber nicht gesprochen wird.

• Ich muss über meinen Schmerz hinwegkommen.

• Ich muss stark sein und weitermachen.

• Tränen sind ein Zeichen der Schwäche.

• Ich muss mich quälen um darüber weg zu kommen

• Ich darf nicht traurig sein

• Es ist das Beste so

• Das wird schon wieder

Diese Mythen sorgen dafür, dass Trauernde manchmal sogar Schuldgefühle wegen Ihrer wahren Gedanken und Gefühle haben und sich dieser Gedanken und Gefühle schämen.

Solche Schuldgefühle können im Leben klassisch für andere und für weitere Probleme verantwortlich sein und kommen im Coaching immer wieder vor.

Sie suggerieren meist auch ein falsches Bild vom Traurig sein und vom Umgang mit der Trauer. Solche Mythen ändern nichts an der Trauer und an der Tatsache, dass jemand verstorben ist. Sie bringen nichts außer Schmerz, der vermieden werden könnte.

Schmerz ist normal und notwendig. Wir müssen ihn zulassen und ihn arbeiten lassen. Genau das dürfen wir auch und keiner darf uns das verbieten.

Auf der anderen Seite wird uns aber schon als Kind häufig eingebläut, nicht über Gefühle zu sprechen. Nicht an sich selbst zu denken. Nicht blind zu vertrauen. Als Berater können und müssen wir hier unterstützend zur Hand gehen. Hier müssen Regeln, die den Klienten krank machen, gebrochen werden. Das Thema Glaubenssätze hat hier eine große Bedeutung.

Trauernde müssen fühlen und die Emotionen voll durchleben. Sie brauchen nicht permanent stark sein. Wenn es sie überkommt, können und dürfen sie sich schlecht fühlen, deprimiert sein, Wut raus lassen oder einfach nur weinen. Danach geht der Alltag weiter. Aber diese kurze "Auszeit" ist wichtig.

Trauernde müssen reden. Immer wieder. Hierbei ist es wichtig, die richtigen Gesprächspartner zu finden. Zeit können wir schenken und Mitgefühl und ein Ohr. Keinesfalls dürfen Trauernde vertröstet, belächelt oder kritisiert werden. Die Anliegen von Trauernden dürfen auch nicht bagatellisiert werden.

Trauernde brauchen Vertrauen. Sie brauchen Menschen die aufrichtiges Interesse an ihrem Anliegen und ihrer Trauer haben. Verwandte neigen schnell dazu einen Schleier des Schweigens über alles zu legen. Oft wird falscher Rat gegeben oder, aus Unwissenheit, verletzende Worte gesagt.

Vielleicht sind es familiäre, gesellschaftliche oder religiöse Zwänge, die dem Klienten dieses Verhalten auferlegt haben. Aber, blinder Gehorsam macht auch blind. Blind für alles was uns wirklich gut tut. Wir können ihm die Augen öffnen, und überdenken, was man ihm in der Kindheit beigebracht hat. Die Klienten sind nun erwachsen und können Ihre eigenen Antworten finden und neue Verhaltensmuster entwickeln. Sie können nun für sich selbst denken.

11

Schuldgefühle in der Trauer

Das Schuldgefühl ist eine üblicherweise als negativ wahrgenommene, soziale Emotion, welche bewusst oder unbewusst, einer Fehlreaktion, Pflichtverletzung oder Missetat folgt. Nicht immer ist es für Angehörige leicht zu verstehen, warum ein geliebter Mensch gestorben ist. Schnell kann es passieren, dass Angehörige mit Schuldgefühlen zu kämpfen haben oder anderen die Schuld am Tod geben. Dies können Ärzte sein, die fahrlässig oder sogar überhaupt nicht behandelt haben. Dies kommt sehr häufig vor. Weiter kann es passieren, dass auch Pflegepersonal, Polizei und Bestatter für den Tod verantwortlich gemacht werden. Viele Schuldgefühle können aber auch gegen sich selbst gerichtet sein. Schuldzuweisungen können z. B. sein: Vorwürfe man hätte es verhindern können. Was wäre wenn ich dies oder das gemacht hätte? Oder vielleicht eine Handlung auch nicht gemacht hätte?
Manchmal sind Schuldgefühle aber auch etwas, was die Trauer erleichtert.

Schuld stellt in scheinbar regellosen und nicht mehr für den unseren Verstand verstehbaren Situationen, Erklärungszusammenhänge sowie auch wichtige und gültige Ordnungssysteme her.
Sie ist eine rein kognitive Konstruktion, welche an die Stelle der eigentlichen Wirklichkeit tritt. Unser Verstand setzt die Geschehnisse und das erlebte auf eine neue Ebene, die uns hilft die erfahrene Realität

einzuteilen bzw. zu klassifizieren. Schuld kann somit Klärungen geben, wo es keine mehr gibt,
So betrachtet wird Schuld also erst gedacht und dann gefühlt. Um mit dem Gefühl der Schuld zu arbeiten, müssen wir an den Gedanken des Klienten arbeiten. Erst dann erreichen wir seine Gefühlswelt. Sie bilden einen Bindungsfaktor zum Verstorbenen und stellen so eine Verbindung zu diesem her, die der Betroffene verloren hat. Genau hier müssen und wollen wir hin, wenn wir systemisch arbeiten wollen.

Ein Auflösen der Schuldgefühle, kann die Verbindung zum Verstorbenen unterbrechen bzw. beenden. Solange Schuld also einen positiven Aspekt hat, sollte diese auch nicht als etwas störendes gesehen werden. Wir können Sie eher nutzen um beziehungsorientiert zu arbeiten.

Wenn Schuldgefühle nun also ein Ergebnis unserer Gedanken sind, können wir Schuldgefühle auch genau hier bearbeiten.
Schaffen wir es, das Gedankengut des Klienten zu erreichen, können wir auch die Schuldgefühle erreichen und helfend unterstützen. Die Gedanken eines Klienten zu nutzen und neu zu formen um Verbesserungen im Leben zu erreichen, ist Grundlage im NLP. Dem Neuro-Linguistischen-Programmieren. Eine Grundlage für effektive Gesprächsführung und Beratung.

Zu den Schuldgefühlen möchte ich von einer Klientin erzählen:

Bei mir in der Beratung war eine Frau die ihren Ehemann beerdigen musste. Er lebte schon länger im Seniorenheim und sie noch alleine zu Hause, weil sie deutlich fitter war als er. Eines Tages wollte sie ihrem Mann, wie des öfteren, etwas leckeres zum Essen mitbringen. Dieses Essen liebe er so. Weil sie auch noch zwei Damen im Seniorenheim kannte, kaufte sie etwas mehr und machte 3 Päckchen fertig. Für ihn etwas mehr. Doch genau dieses Paket ließ sie im Kühlschrank liegen. Hat es einfach vergessen. Erst im Heim hat sie das gemerkt und dachte sich, es wäre egal und er bekäme es dann morgen. Die andern beiden Päckchen gab sie den Damen.

An dem Abend gab es leider verdorbenen Aufschnitt zum Abendessen und alle Bewohner im Heim bekamen eine Durchfallerkrankung. Außer die beiden Damen. Diese haben ja etwas anderes gegessen.

Ihr Mann hat diese Durchfallerkrankung nicht überstanden und starb einige Tage später völlig geschwächt im Krankenhaus an den Folgen dieser Erkrankung.

Sie saß bei mir und machte sich furchtbare Schuldvorwürfe.

Also bestätigte ich sie in ihrer Meinung und schuldhaften Auffassung zum Tode Ihres Mannes.

Da fing sie an zu weinen und bedankte sich bei mir. Ich sei der erste, der ihr nicht versuche die Schuld auszureden. Denn diese brauche sie.

Dies ist sicher ein extremer Fall. Aber für die Dame stellte die Übernahme der Verantwortung ein Ordnungssystem wieder her, welches mit dem Tod des Mannes aus den Fugen geriet. Sie konnte ihr Bedürfnis nach Orientierung und Kontrolle befriedigen. Außerdem konnte sie an ihrem Selbstwertgefühl arbeiten. In diesem Fall sicherlich fraglich, aber sie konnte durch die Schuldübernahme und die Tatsache, dass sie es überall erzählt, das Gerede der anderen steuern. Man redet hinter ihrem Rücken über sie und sie steht dadurch vor einer besonderen Beachtung der anderen. In einer Zeit des Verlustes und des Schmerzes, wo alles Licht in ihrem Leben erloschen ist, konnte sie aufrecht gehen und hatte einen Platz gefunden, nach welchem andere wahrscheinlich ewiglich suchen müssen. Sie sagte sich von Anfang an:

Ich bin Schuld an seinem Tod.
Die Verantwortung trage nur ich.

Damit brauchte sie sich nicht mit quälenden Fragen nach einem Warum oder Wozu beschäftigen. Die Trauer fiel ihr leichter, da sie einzig und allein daran Schuld ist. Die Leute reden über sie. Das bestärkt sie in ihrer getroffenen Entscheidung die Schuld anzunehmen. Sie merkt dabei nicht, das die Leute nicht reden weil sie so toll ist, sondern weil sie Schuld am Tod des Mannes ist. Das sagt sie ja jedem. Denn die eigentlich Ursache, die ganze Geschichte, die erzählt sie keinem.

Im Laufe der Zeit wurde das anders. Sie verstand mehr und mehr, dass sie nicht verantwortlich für den Tod des Mannes war. Sie hat zwar das Päckchen mit dem Essen vergessen, aber der verdorbene Aufschnitt kam aus der Heimküche. Außerdem war ihr Mann sehr alt und krank. So wäre er wahrscheinlich an einer anderen Infektion oder einfach am Alter gestorben. Aber sie betonte immer, wie nah sie ihrem Mann ist wenn sie sich Schuldvorwürfe mache. Nur langsam hat sie sich gelöst und eine neue Beziehung zu ihrem Mann aufbauen können.

Aus ihrer Trauer ist eine Form der reinen Liebe geworden.

Warum suchen Angehörige die Schuld bei anderen?

Wir Menschen müssen bei Problemen immer einen Verantwortlichen für die Dinge haben. Zumindest versuchen wir dies. Nur wenige Menschen können akzeptieren, dass die Dinge einfach so sind, wie sie sind. Dass Dinge einfach passieren, weil es einfach so ist und sie so passieren mussten. Das ist der Lauf der Zeit und das Leben braucht keine Gründe und Erklärungen. Das Leben ist einfach so wie es ist. Nicht immer fair und nur weil wir als Menschen zur Geburt einen Verstand bekommen haben, heißt das noch lange nicht, dass das Leben für uns auch verstandesmäßig immer nachvollziehbar ist. Das wiederum versteht unser Verstand leider nicht. Wahrscheinlich ist dies zu einfach und einfach wollen wir nicht akzeptieren.

Doch wir Menschen und alle Lebewesen sterben eines Tages. So wie wir einst geboren wurden, werden wir auch dereinst wieder gehen. Wir wurden nicht gefragt, ob wir geboren werden wollten. Genauso werden wir auch nicht gefragt, ob wir diese Welt wieder verlassen wollen. Geschweige denn, wann und wie wir das wollen. Im Tod geben wir neuen Platz um neues Leben zu schaffen. Das ist der Kreislauf der Natur. Etwas muss sterben damit neues Leben überhaupt erst möglich ist.

Hier begeben wir uns schnell auf spirituelle Themengebiete und können über den Glauben an sich sprechen. Im Kapitel "Nicht Warum sondern Wozu", habe ich dieses Thema bereits angesprochen.

Ein gutes Beispiel dafür, finden wir überall in der Natur. So schön wie eine Blume im Frühling zum Leben erwacht und im Sommer zur Hochform der Schönheit aufläuft, so unschön wird sie im Herbst und im Winter. Ein wahres Trauerspiel. Doch im Frühjahr kommt sie wieder, erstrahlt in neuem Glanz und in neuem Leben.

Die alte Blume hat Platz geschaffen für neues Leben.

12

Rituale

Was ist eigentlich ein Ritual?

Ein Ritual ist ein festgelegter Ritus den wir uns meistens selbst auferlegen. Dies können ganz unterschiedliche Dinge sein, wie z. B. stetig gleiche Abläufe zu haben, Gebetsrituale etc.
In einer Lebenskrise machen Rituale einen Übergang zu neuen Lebensabschnitten bewusst erfahrbar und nicht allzu selten auch begreifbar.
In der Trauer gibt es auch viele solcher Rituale, die sich die Angehörigen selbst auferlegen.
Zu Trauerritualen kann man im allgemeinen sagen, dass sie das Herz für die Trauer öffnen und somit die Trauer frei setzen bzw. befreien. Diese Rituale befreien aber nicht von der Trauer. Abschiedsrituale ermöglichen es dem Trauernden, sich von dem Verstorbenen zu lösen und gleichzeitig können sie helfen, eine neue Beziehung auf zu bauen.

Je nach Ansatz den wir verfolgen werden, sind Rituale mehr oder weniger wichtig. Wobei zu bedenken ist, dass, zumindest meiner Auffassung nach, der systemische Ansatz deutlich mehr Rituale hervor bringt wie der Ansatz von Sigmund Freud. Das heißt aber nicht, dass der freudsche Ansatz ganz ohne Rituale auskäme. Meiner Erfahrung nach, muss ich im Leben viel mehr Kraft aufbringen und viel mehr Ritualisieren, wenn ich jemanden, der mir Nahe stand oder steht, aus meinem Leben verbannen möchte. Denn ich muss nicht viel machen, um den

Schmerz um den Verlust eines Menschen zu spüren. Er kommt von ganz alleine. Erinnerungen und Gefühle erwachen von ganz alleine in unseren Köpfen. Das muss ich nicht mühsam erarbeiten. Hier brauchen wir viel mehr ein Ritual um solche Dinge zu kontrollieren. Soweit wie das überhaupt möglich ist. Solange, wie solche Emotionen in uns hervortreten, brauchen wir uns keine Sorgen machen, der Verstorbene würde uns verlassen. Im Herzen ist er immer bei uns. Durch gute Rituale können wir dort einen schönen Platz finden, an dem sich der Verstorbene und auch der Hinterbliebene wohl und glücklich fühlt.

Wer mit dem Gedanken spielt sich vollständig von der Bindung zu lösen, sollte sich auch bewusst sein, welch harter Weg vor ihm liegt und wie viel schönes ihm eventuell verloren gehen könnte. Hier brauchen wir eine straffe Entscheidung die viel Courage und einen starken Willen benötigt.

Es hat aber auch etwas gutes. Denn wenn ein Hinterbliebener versucht diesen Weg zu gehen und es nicht schafft sich vollständig zu lösen, kann er den beziehungsorientierten Ansatz immer noch gehen. Sicher, er hat vieles versäumt. Aber zu spät ist es dafür dann nicht.
Glücklicherweise wird die Einstellung zu dem beziehungsorientierten Ansatz dadurch auch besser und intensiver.

Welche kategorisierten Rituale gibt es?

• Alltagsrituale

• persönliche Rituale

• soziale und gemeinschaftliche Rituale

• Religiöse Rituale

• Krankhafte Rituale/Zwangshandlungen

Ich nutze Rituale sehr häufig und setze diese auch gezielt ein. Sie sind ein wesentlicher Bestandteil für die Beratung und das nicht nur im Umgang mit Trauernden. Allerdings möchte ich an dieser Stelle darauf verzichten, eine endlose Litanei an verschiedenen Ritualen aufzuzählen. Viele Rituale sind ein Teil meiner Arbeit und ein Teil meines Beratungskonzeptes.

Da ich der Meinung bin, dass man nicht alles aus Büchern lernen kann, verweise ich hier auf Seminare und Coachings zu diesem Thema.

Beim zusammenstellen einzelner Rituale und Methoden merkte ich sehr schnell, welche Vielfalt es auf diesem Gebiet gibt und wie schwierig und aufwendig es ist, dies plausibel und richtig verständlich zu vermitteln. Somit entschied ich mich dafür, die Menge der Rituale auf das wesentliche und für die Beratung einfach und umsetzbare zu reduzieren. Rituale müssen in der Beratung sinnvoll sein und bei fehlender Erfahrung mit dem Thema Trauer auch genauso sinnvoll Anwendung finden. Auf Seminaren gehe ich weiter auf dieses Thema ein.

13

Tools und Rituale in der Trauer nutzen

Egal was im Leben auch passiert ist, es ist immer wichtig an sich und seine Gesundheit zu denken.

Dabei ist es egal, ob physisch der psychisch gesund. Beides muss passen und es muss auf eine gute Balance im Leben geachtet werden.

Trotz aller Trauer und Trotz allen Schmerzes ist es wichtig, sich das zu nehmen was einem gut tut. Nur weil der Verstorbene nicht mehr lachen kann, heißt das nicht dass auch der Angehörige nicht mehr lachen darf. Das Lachen weckt Hormone in uns, die wir dringend brauchen. Wir können uns selbst verwöhnen, indem wir z. B. Wellness für uns nutzen oder uns mit gutem Essen und gutem Wein bewusst Glücksmomente schaffen. Wer Musik und Tanz mag wird hier auch schöne Momente erfahren. Auch körperliche Nähe kann gesucht werden. Dies ist wahrscheinlich die beste Erste-Hilfe-Maßnahme in einer schweren Zeit. Eine Umarmung kann Wunder bewirken.

Für gläubige Menschen ist ein Gebet oft etwas Frieden bringendes.
Solche Handlungen können uns wie ein Leuchtfeuer im dunkeln den Weg weisen und aufzeigen, wo wir hin wollen und was uns wichtig ist. Solche Leuchtfeuer brauchen wir viele in der Trauer. Sie leuchten wie ein Meer aus Sternen und bewachen uns auf allen Pfaden. Wenn wir Menschen in Krisen

begleiten wollen, müssen wir nach solchen Leuchtfeuern Ausschau halten, denn sie helfen uns Begleitern einen Weg zu finden. Manchmal glühen sie nur schwach, doch es liegt an uns diese Feuer neu zu entfachen.

Mit den richtigen Wegweisern können sich die Betroffenen orientieren und selbst neu ausrichten. Sich aus der Einsamkeit befreien und ein neues Leben erwecken.

Es gibt natürlich eine Vielzahl von Möglichkeiten mit einem Klienten zu arbeiten. Methoden und Tools gibt es schier endlos viele und gute, doch längst nicht alle sind gut. Weder für die Trauer, noch für das Coaching an sich.

Für meine Auffassung gibt es keinen signifikanten Unterschied zwischen Tools und Ritualen, da sie in der Anwendung das gleiche bewirken und Berater auch das gleiche damit bezwecken wollen. Es geht immer darum, dass der Klient sich bewegt, dass er seine Sichtweisen ändert oder Gegebenheiten akzeptiert und lernt damit zu leben. Der Klient soll erkennen, was gut oder was für ihn auch nicht gut ist. Dafür gibt es in der Beratung Hilfsmittel, die diese Erkenntnis fördern.
Rituale und Tools!
Die Hilfsmittel haben einen großen Vorteil gegenüber dem reinen Reden. Denn der Klient muss eventuell, je nach Ritual, einmal nicht reden, und erreicht trotzdem etwas. Oft stellt sich der anvisierte "Aha"-Effekt sofort ein. Im reinen Gespräch klappt das leider nicht immer sofort. Außerdem wird etwas visuelles oder sogar etwas physisch greifbares in die

Beratung integriert. Das ist für den Klienten gut verständlich und er hat nicht das Gefühl, ihm würde etwas eingeredet.

Reine Coachingtools sind in der Trauerarbeit manchmal aber doch etwas speziell und vielleicht auch oft nicht angemessen. Denken wir beispielsweise an "The Work" von Katy Byron sehen wir schnell, dass gute (im diesem Beispiel wirklich gute) Tools in der Trauer nicht unbedingt funktionieren. Aber es kann auch gehen, wenn der Berater sich frei und sicher in diesem Tool bewegen kann. So etwas muss behutsam eingesetzt werden und darf keinesfalls zu Beginn der Trauer erfolgen. Wenn aber bereits über vieles gesprochen wurde und auch eine gut funktionierende Vertrauensbasis gegeben ist, kann man dies jedoch sehr wohl machen. Es ist dabei gar nicht wichtig, ob ein Tool korrekt angewendet wird oder ob wir nur Teile daraus nutzen. Wenn wir Trauernde begleiten, kann es sehr schnell und häufig passieren, dass sich der Verlauf schlagartig ändert. Allein der Klient entscheidet über den Verlauf. Nicht wir als Berater. Dies gilt für alle Übungen die wir mit Klienten machen.

Bei Tools ist es doch eigentlich immer gleich. Der Klient entscheidet über den Verlauf, über den Ausgang und ob er überhaupt will. Daher ist grundsätzlich davon abzuraten, ein Tool vorzustellen oder anzukündigen. Es ist einfacher seinem Gefühl zu folgen und es einfach zu machen. Man muss sich als Coach nur bewusst sein, dass Trauernde empfindlicher reagieren als andere und dass man das, was man sagt und macht, auch wirklich so meint. Der Coach muss sich seiner Vorgehensweise schon sehr sicher sein. Dies heißt auch, sich der nötigen Spontaneität bewusst zu sein, sein Vorgehen unter Umständen auch abrupt zu ändern. Ein Tool muss in der Trauerbegleitung nicht zwingend beendet werden. Manchmal reicht es durchaus aus, zu beginnen und damit einen Anreiz zu geben.

Der Trauernde soll reden und das so wie er es will. Redet er mal nicht, macht das auch nichts. Es liegt dann an uns Beratern, die Stille auszuhalten. Der Klient wird dies nicht gut können. Ein Tool zu beginnen kann das Gespräch ankurbeln.

In jedweder Form der psychischen Krise hat das Reden eine elementare Funktion. Einem großen Teil der Bevölkerung ist nicht wirklich bewusst, wie weitreichend und hilfreich das Reden sein kann. Über Probleme und Emotionen zu sprechen ist schon im Alltag etwas sehr nützliches.
Durch die Kommunikation drücken wir aus, was wir wollen und was wir können. Wir drücken aus, was wir damit beabsichtigen und was uns dazu antreibt. Wenn wir über unsere Gefühle sprechen, öffnen wir unser Herz für den anderen und gewähren ihm Einlass zu unseren Bedürfnissen. Das Reden befreit von dem beklemmenden und erdrückenden Gefühl, welches gerade in Zeiten der Trauer ausgelöst wird. Somit können wir das Reden auch zu einem Ritual machen, so dass nicht nur in einer Beratungssitzung gesprochen wird.

Es kann festgelegt werden, dass z. B. täglich zu einer gewissen Zeit über das Thema gesprochen wird oder mit wem überhaupt gesprochen wird. Auf Dauer können wir es vielleicht schaffen, dass der Klient nicht mehr allzu häufig von seinen Emotionen und von der Trauer überrannt wird. Wenn der Klient es schafft, sich ganz bewusst, zu einer ganz bestimmten Zeit, durch verschiedene Übungen dazu zu bringen, zu trauern, wird die Zeit dazwischen wieder einfacher und kontrollierbarer für ihn als vorher. Die Trauer überkommt ihn nicht mehr so plötzlich und ohne Vorwarnung. Dafür muss er aber die Zeiten aktiv nutzen.

Hierzu können Gespräche mit dem Verstorbenen oder wie in anderen Krisen mit dem Problemauslöser geführt werden. Der Verstorbene wird hierdurch in den Ablauf des Lebens mit eingebunden und bleibt ein Teil davon. Solche Gespräche können auch genutzt werden um Anregungen beim Klienten auszulösen um eventuell auch klärende Gespräche zu führen, die auch mit anderen Übungen kombiniert werden können. Beispielsweise mit einer Kerzenzeremonie. Gleichzeitig kann die Zeit genutzt werden, um über die täglichen Dinge zu sprechen. Das müssen nicht immer Probleme und Schwierigkeiten aus diesem Zusammenhang sein. Auch schöne Dinge und kleine Erfolge in der Trauer oder auch anderen Bereichen können hier angesprochen werden.

Bedenke:

In der Trauerbegleitung liegt der Redeanteil eines Beraters bei etwa 20 %.
Dementsprechend können wir relativ entspannt sein und uns auf die Grundlagen der Beratungsarbeit konzentrieren. Wir hören aktiv zu.

14

<u>Aktives zuhören</u>

Das wahrscheinlich wichtigste Instrument im Coaching, der Trauerbegleitung und in jedweder anderen Art von Beratung, ist das Zuhören. Wir haben im Coaching gelernt wie wir richtig zuhören. Nämlich indem wir uns aktiv am Gespräch beteiligen.

Die Grundsteine der Kommunikation im Coaching und der Beratung nach Carl Rogers:
(Quelle Wikipedia)

1. Empathische und offene Grundhaltung

2. Authentisches und kongruentes Auftreten

3. Akzeptanz und positive Beachtung der anderen Person

Nach Rogers wird das Verstehen des Sprechers weiterhin wie folgt unterstützt:

1. Sich auf das Gegenüber einlassen, konzentrieren und dies durch die eigene Körperhaltung ausdrücken

2. Mit der eigenen Meinung zurückhaltend umgehen

3. Nachfragen bei Unklarheiten

4. Zuhören heißt nicht gutheißen

5. Pausen aushalten, sie können ein Zeichen für Unklarheiten, Angst oder Ratlosigkeit sein

6. Auf die eigenen Gefühle achten

7. Die Gefühle des Partners erkennen und ansprechen

8. Bestätigende kurze Äußerungen

9. Geduld haben und den Sprecher nicht unterbrechen, ausreden lassen

10. Blickkontakt halten

11. Sich durch Vorwürfe und Kritik nicht aus der Ruhe bringen lassen

12. Empathie ausüben und sich innerlich in die Situation des Sprechers versetzen.

Wir beteiligen uns also Verbal und nonverbal, körperlich und geistig. Wir greifen in das Gespräch ein ohne den Redefluss des Klienten zu stören. Wir nehmen Einfluss auf den Verlauf und regen zum nachdenken an. Unklare Aussagen werden genauer hinterfragt, damit der Klient sich nicht selbst etwas schön redet und die Dinge auch wirklich benannt werden. Wir spiegeln und paraphrasieren. Wir doppeln etc...

In der Trauerarbeit können, die sogenannten, körpersprachlichen Signale von äußerster Bedeutung sein. Diese Signale zeigen dem Berater schon früh an, worum es gehen kann, wie sich der Klient gerade fühlt oder ob er wirklich die Wahrheit sagt.

Zum Beispiel können feuchte Augen ein Ansatz von Tränen und dem Wunsch bzw. dem Bedürfnis nach Mitteilung sein. Klienten versuchen oft diese Anzeichen für Tränen zu unterdrücken. Das ist jedoch nicht gut für den Klienten und auch nicht für den Verlauf des Gesprächs. In dieser Situation können wir versuchen die Emotionen behutsam zu steigern.
Wie im Herdplattenmodell erhitzen wir die Stimmung.

Hierdurch kann ein entscheidender Verlauf gesteuert werden. Denn Tränen sind im Trauerverlauf gut, weil sie Herz und Seele des Klienten für den Heilungsprozess öffnen.

Herdplatten Modell

Was ist das Herdplatten Modell?

Entwickelt wurde das Herdplatten Modell von Martina Schmidt-Tanger. Im Coaching geht es grundsätzlich um 3 Themen.

Diese sind:

• Das Problem

• Das Ziel

• Die Ressourcen

Spricht man vom Herdplattenmodell so stellt man sich, als Berater, diese Themen wie in einem Topf vor, wo die einzelnen Themen bewusst erhitzt oder abgekühlt werden können. Man rührt in dem jeweiligen Topf und fördert so die Stimmung zu dem jeweiligen Thema. Das ist eines der besten Tools überhaupt und für die Trauerarbeit wunderbar einsetzbar. Dadurch können Stimmungen direkt gesteuert und beeinflusst werden.
Ein Berater kann dieses Tool auch wunderbar nutzen, wenn er nicht so recht weiter kommt. Denn er kann Einfluss auf die Emotionale Situation nehmen. Zumindest ansatzweise.

Beispiel:

- Was ist das Problem?
- Jemand ist gestorben.

- Was ist das Ziel?
- Der Hinterbliebene möchte wieder glücklich sein. Oder die Trauer annehmen, verarbeiten etc.

- Was sind die Ressourcen?
- Wie geht der Hinterbliebene mit Emotionen und Krisen im allgemeinen um? Wer hilft und wer steht ihm bei? Welchen sozialen oder kulturellen Background hat er?

Da kann man klassisches Coaching nutzen und anwenden.

16

ABC Modell nach Albert Ellis

Das ABC Modell liefert uns wichtige Erkenntnisse über das Leben des Klienten und das Leben des Verstorbenen. Dieses Modell begegnet uns immer wieder in der Beratung und sogar in nahezu jedem normalen Gespräch. Jeder, der aktiv in der Beratung arbeitet, kennt das ABC-Modell und sollte damit vertraut sein. Leider werden solche Werkzeuge der Kommunikation in den meisten ehrenamtlichen Helferschulungen nicht gelehrt. Zur Erinnerung:

• A: Auslösendes Ereignis

• B: Belief System

• C: Consequences

Das heißt nichts weiter als: Etwas ist passiert. Wir vermischen es mit unseren Glaubenssätzen und geben es dann wieder bzw. empfinden es so.

Mit anderen Worten gibt es:

• Das gelebte Leben

• Das erlebte Leben

• Das erzählte Leben

Nicht immer passt dies zusammen und wird von allen Familienmitgliedern und betroffenen gleichermaßen so gesehen. Manch ein Trauernder und natürlich auch viele nicht Trauernde Menschen formen sich ihre Welt selbst und neu. Die Wahrheit ist nicht immer einfach oder nicht gut genug. Vielleicht fehlt es auch an Spektakel und Spannung. Oder diese Menschen vertragen die Wahrheit gerade nicht und weichen so aus. In der Trauer kommt diese Form der Erzählung häufig vor und bedarf somit einer besonderen Beachtung.

Das ist in Ordnung aber auch wichtig. Da sollte auf Korrektur verzichtet werden, selbst wenn wir wissen, dass es so nicht gewesen sein kann. Der Trauernde steht im Mittelpunkt. Also betreten wir seine Welt.

Ein Beispiel: Vor einiger Zeit war ich im Gespräch mit einer Dame die um ihren Mann trauerte. Ich musste nicht viel machen, denn sie sprach unentwegt. Manchmal hatte ich sogar Schwierigkeiten am Ball zu bleiben. Doch schon schnell merkte ich, dass die Geschichten aus ihrer Ehe so nicht der Wahrheit entsprachen. Während ich darüber nachdachte ihr dies zu sagen, sah ich einen Glanz und eine Freude in ihren Augen, wie ich es selten bei jemandem sah. Hätte ich sie hier darauf angesprochen, hätte ich ihr diese Freude genommen und eine Illusion zerstört. Das steht mir nicht zu. Somit ging ich darauf ein und genoss die Geschichten und ihre Worte.
In weiteren Sitzungen sprach sie schon anders. Sie verließ nach und nach ihre aufgebaute Scheinwelt, kehrte in die Realität zurück und erzählte mir auch oft, wie es wirklich gewesen ist. Aber immer nur ein bisschen. Soweit, wie sie bereit war es zu tun.

Die Lebensuhr

Die Lebensuhr ist eine Übung aus dem Bereich Sinn und Werte Coaching. Wir Coaches können diese zur Skalierung und Aufstellung nutzen. Die Übung ermöglicht einen sehr persönlichen, sehr schnellen und visuell erlebbaren Zugang zur Persönlichkeit des Klienten. Die Übung zieht eine Art Bilanz zum Leben, zur Lebensmitte und zum Rest des Lebens.
So können wir uns einen Überblick darüber verschaffen, wo der jeweilige Klient gerade steht, wo er hin will, was er im Leben erlebt oder gelebt hat.
Wenn wir die Fragen geschickt stellen, können wir Ressourcen wecken, an Erinnerungen arbeiten oder auch Sinn und Spiritualität klären. Wir können dem Klienten zeigen wo er steht und was er auch ohne den Verstorbenen erreicht hat.
Es geht um die ganz eigene Zeitplanung.

• Was habe ich bereits erlebt?

• Was möchte ich noch erleben?

• Gibt es grundsätzlich mehr positive oder negative

Erinnerungen?

• Welche wiederkehrenden Themen (Muster) werden

sichtbar und fallen auf?

• Wo befinde ich mich im Leben?

• Wann hat sich ein Ereignis vollzogen?

18

Aufgaben für Trauernde

Alle Zielübungen die auf ein konkretes Ziel ausgerichtet sind, sind eher unangemessen. Wir können nur sehr schwer ein Ziel erarbeiten, welches wirklich SMART ist. Die Kriterien lassen sich nicht erfüllen und das ist auch gut so.

Was ist *SMART*?

Ein Ziel ist nach Definition dann SMART wenn es gewisse Kriterien erfüllt.

Dazu hinterfragen wir die Zielformulierung ob sie:

S = Spezifisch

M= Messbar

A = Attraktiv

R = Realistisch

T = Terminiert

ist.

Sind diese Kriterien erfüllt, ist das Ziel im Coachingsinne SMART.

In der Trauer ist so etwas sicherlich schwierig zu erfüllen. Selbst wenn, entsteht die Frage nach dem Sinn dazu. Wenn der Klient lernen möchte mit der

Trauer zu leben, ist dies nicht abhängig von der Formulierung eines Zieles.

Die einzigen Ziele in der Trauer die wir bearbeiten können und sollten sind:

- Schmerz des Verlustes annehmen

- Realität des Todes anerkennen

- Die Beziehung zum Verstorbenen neu gestalten

- Sich Erinnern

- Neue Identität entwickeln

- Suche nach einem Sinn

- Unterstützung erhalten

In der Trauerbegleitung nennen sich diese Punkte Entwicklungsstufen. Sie sind ein wichtiger Bestandteil für den Beziehungsorientierten Ansatz der Trauer. Die Reihenfolge, wenn es überhaupt eine gibt, ist nicht sonderlich bedeutend. Der Klient sagt uns, was ihm gerade wichtig ist. Außerdem wird ein Teil ja bereits indirekt bearbeitet. Denn wenn ein Klient Hilfe annimmt, erhält er bereits Unterstützung. Dann ist er bereit den Schmerz anzunehmen. Wenn der Trauernde von der Beziehung erzählt, erinnert er sich bereits und ist bereit Erinnerungen zu zulassen.

Wir müssen also nicht viel machen. Nur Zeit und Raum geben. Dem Trauernden die Möglichkeit geben sich zu öffnen und selbst einen Weg zu finden. Darin begleiten wir sie.

Genau hierbei sind wir schon beim Prinzip Coaching. Der Klient findet seinen eigenen Weg. Den Weg der zu ihm und seiner derzeitigen Situation passt.

Bedenke:

Der Tod und der Verlust müssen realisiert werden. Dazu ist es nützlich, und manchmal sogar notwendig, Trauernden auf jeder Ebene zu verdeutlichen, dass der geliebte Mensch verstorben ist. Je nach Zeitpunkt des Todeseintritts beginnen hier Handlungen wie z. B. die Bestattungsplanung.
Später sind es Grabbesuche, Auflösung von Hausrat et cetera.
All die Dinge die uns klar machen, der verstorbene kommt nicht wieder. Wir dürfen die Situation nicht beschönigen.

Ich kann zu diesen so genannten Entwicklungsstufen keine Quellenangabe machen. Mir wurden sie in der Schulung zum Trauerbegleiter gelehrt, ohne auf die Herkunft einzugehen.
Somit bitte ich dies zu entschuldigen.

Was bedeuten diese Punkte im einzelnen?

Ich möchte sie auf den folgenden Seiten kurz in meiner eigenen Interpretation erläutern.

• **Schmerz des Verlustes annehmen**

Der Schmerz über den Verlust eines Menschen muss, auch wenn wir es nicht wollen, angenommen werden. Unterdrückung des Schmerzes und der Trauer führt nicht zur Aufhebung davon. Seelischer Schmerz sucht sich immer eine Ausdrucksform. Wenn wir diese nicht annehmen, kann es unter Umständen auch zu körperlichen Beschwerden kommen.

Dies können z.B. Verdauungsprobleme oder vermehrter Harndrang, Rückenschmerzen Migräne und auch andere körperliche Beschwerden sein.

Bei der Behandlung von Beschwerden dieser oder ähnlicher Art, denkt meistens keiner an Trauer. Bei Verdauungsbeschwerden z. B. verschreibt der Arzt ein Medikament, bei Rückenbeschwerden vielleicht Massagen und Migräne nervt sowieso immer im Leben. Warum sollte das von der Trauer kommen?! Doch genau das macht es häufig. Menschen die häufig Tränen unterdrücken leiden auch oft an vermehrtem Harndrang. Das ist nicht zwingend immer so, jedoch sollte bei unklarer Herkunft der Beschwerden, auch mal diese Ursache betrachtet werden. Ärzte haben dafür leider meistens keine Zeit und es entspricht allzu oft auch nicht deren Vorstellung von Heilung. Doch auch hier hat sich die Weltanschauung geöffnet und verändert. Immer mehr Ärzte sind alternativen Methoden gegenüber offen und verschreiben nicht immer gleich die chemische Heilungsmethode. Gute Ärzte wagen auch mal einen Blick hinter die vorgetragenen Krankheitsbilder oder deren Symptome und versuchen den Patienten ganzheitlich zu sehen. Das ist ein wichtiger Schritt in die richtige Richtung. Nicht nur für den Bereich der Trauer.

Nichts desto Trotz muss hier angemerkt werden, dass in akuten Trauerlagen oder Traumata eine schnelle Hilfe gewährleistet sein muss. Die Frage ist nur, wie lange diese schnelle Hilfe aufrecht gehalten wird und was ein Arzt als weitere Maßnahme empfiehlt.

• Realität des Todes anerkennen

Die Realität, also die Tatsache, dass ein geliebter Mensch gestorben ist, darf nicht geleugnet werden. Die physische Abwesenheit muss erkannt und anerkannt werden.
Hierbei hilft es, die neue Situation sofort in das Leben zu integrieren, sich auf die Veränderungen einzulassen und aktiv Änderungen vorzunehmen.

Vielleicht ist dies einer der Punkte, den Trauernde am unliebsamsten empfinden. Wir kennen das Problem aus der Gesundheit. Immer wieder sagen Menschen: Das wird schon wieder.
Und es wurde auch wieder. Menschen werden krank und sie werden wieder gesund. Ein Leben lang. Immer wieder.
Doch dieser Euphemismus funktioniert im Todesfall nicht. Denn der Zustand des Todes ist endgültig. Hierbei geht es nicht um den Glauben an ein Leben danach. Es geht nur um die Realität und die Existenz des Todes in unserem Leben. Genau jetzt in dem Moment des Todes und der Zeit danach.
Wir müssen erkennen, das der Tod eines geliebten Menschen uns vor ganz neue Aufgaben und Herausforderungen stellt, an die wir vorher nicht mal denken konnten. Die Realität des Todes ist keine Sache, die einfach so wieder vergeht. Schwere Krankheiten oder Krisen vergehen auch nicht einfach so. Selbst leichte Krankheitsbilder können schwere Folgen haben. Denken wir beispielsweise an einen Schnupfen. Dieser kann sich zu einer amtlichen Bronchitis entwickeln. Diese kann die Lunge stark schädigen und über Lungenentzündungen zu noch ganz anderen Krankheiten führen.

Wir wissen dies normalerweise und handeln dementsprechend. Warum sollten wir das nicht auch in der Trauer machen?

• Beziehung neu gestalten

Die Beziehung neu zu gestalten kann damit beginnen, sich von der früheren Beziehung zu lösen und sie zu beenden.

Die Beziehung ist durch den Tod nicht beendet. Sie wird nur anders und neu fortgeführt. Somit muss man sich nicht vom Verstorbenen lösen, sondern der Liebe neuen Ausdruck verleihen.

Der Tod beendet das leben, aber er beendet nicht die Liebe zum Verstorbenen. Der Verstorbene bleibt eine wichtige und zentrale Person die weiter geliebt wird. Diese Liebe braucht jetzt eine neue veränderte Ausdrucksform. Eine äußere Form wird nun in eine rein innere Form gewandelt.

Wir müssen einen neuen, einen sicheren Ort für den Verstorbenen suchen. Einen Ort, den der Hinterbliebene auch immer erreichen kann und den er selbst voll und ganz mit seiner Liebe erfüllen kann.

Hier hat nur der Verstorbene und der Trauernde Zugang. Eine Welt die frei geformt werden kann.

• Erinnern

In der Erinnerung spüren wir die Liebe zum Verstorbenen. Eine Erinnerung lässt die Liebe Schwingen und verleiht ihr Flügel, von denen sich ein Trauernder tragen lassen kann. In der Erinnerung wird der Verstorbene lebendig und zu einem Teil des Lebens. Die aufkommenden Gefühle und Emotionen bekräftigen die Liebe und trösten und heilen den Schmerz.

Das gemeinsam erlebte geht niemals verloren. Wir können es immer wieder ins Gedächtnis rufen und uns des gemeinsam erlebten freuen. Hierbei können wir auch gut mit anderen über die Erinnerungen sprechen und dies als gemeinsames Ritual erleben.

Sich der Vergangenheit zu erinnern heißt, Hoffnungen auf die Zukunft zu ermöglichen. Der Trauernde muss aktiv erinnern und gedenken. Dadurch lebt der Verstorbene durch die Erinnerung weiter.

Es ist nicht falsch, hierfür an Gegenständen zu hängen. Kleidung, Fotos oder sonstige persönliche Gegenstände sind der beste Bezug zum Verstorbenen und beinhalten oft auch eine kleine Geschichte, der man sich erinnern kann.

• Neue Identität

Wir Menschen definieren uns und unser Leben immer wieder neu, weil wir uns den jeweiligen Ereignissen des Lebens anpassen. Wir sind das Resultat dessen was wir denken, fühlen, sagen oder machen.

Unser gesellschaftlicher Status, unsere sozialen Kontakte und unsere Familie machen uns zu dem, was wir sind.

Den Menschen denen wir Zutritt zu unserem Leben gewähren, bilden eine tiefere Beziehung, woraus auch die Liebe entsteht.

Diesen Menschen passen wir uns an und richten unser Leben daran aus. Dies ist unser Leben, unsere Identität. Stirbt dieser Teil von uns, müssen wir uns neu definieren. Das eigene, uneingeschränkte Leben wieder aufnehmen und neu gestalten.

• Suche nach einem Sinn

Jeder Hinterbliebene fragt nach dem Sinn und den Gründen für den Tod eines geliebten Menschen. Bei dieser Suche erfahren die Angehörigen viel Leid und Schmerz, Enttäuschung und Niederlagen.

In den ersten Tagen der Trauer wird vieles in Frage gestellt. Der Glaube, die eigene Lebensphilosophie, das eigene Lebensskript, die Hoffnung. Alles macht keinen Sinn. Es wird sich wohl nie eine Antwort finden, warum gerade dieser Mensch, genau zu diesem Zeitpunkt gestorben ist. Um überhaupt eine Antwort finden zu können, müssen Angehörige spirituelle Wege gehen. Ob und wie man dort fündig wird, ist sicherlich fraglich. Aber tiefere Antworten auf tiefere Fragen findet man nur tief in sich selbst.

Fraglich ist allerdings, ob die Angehörigen bereit für mögliche Antworten sind. Denn auch der Glaube, egal welche Religion, oder tiefgreifende Lösungen in uns selbst, sind nicht immer das, was wir uns als Antwort erhofft haben.

• Unterstützung erhalten

Trauer ist wahrscheinlich die härteste Arbeit die wir zu verrichten haben. Aber harte Arbeit ist weniger mühsam, wenn andere mit Hand anlegen.

In allen Lebenslagen und Situationen nehmen wir Hilfe an, teilen uns eine Last oder eine Verantwortung. Dies kann auch in Zeiten der Trauer gehen. Der Schmerz verschwindet dadurch natürlich nicht, jedoch wird er erträglicher im Laufe der Zeit. Hilfe anzunehmen stärkt die Bande der Liebe, verbindet uns mit anderen und macht das Leben einfacher.

Es geht nicht nur um professionelle Hilfe. Viel mehr ist die Unterstützung im sozialen Umfeld wichtig. Ein Profi ist natürlich gut, aber Freunde und Familie sind, wie in anderen Lebenslagen auch, der erste Ansprechpartner. Diese Menschen sind uns vertraut. Somit fällt es uns unter Umständen leichter uns emotional zu öffnen.

Was kann ein Berater machen?

Welche praktischen Möglichkeiten habe ich in der Beratung, die mir schnell und vielversprechend helfen können?

Was kann ich in die Beratung mit einbinden, damit der Klient weiter kommt und an sich arbeiten kann?

Es ist wichtig, gerade für Berater die mit Trauer unerfahren sind, ein einfaches und schnell greifbares Ritual zur Hand zu haben. Der Klient muss dies unmissverständlich und unkompliziert aufnehmen können, um es in die Tat um zu setzen.

Die Entwicklungsstufen sind eher eine länger fristige Angelegenheit bzw. etwas, was grundsätzlich erarbeitet werden kann und sollte.

Kurze Rituale helfen aber sofort. Der Klient kann das Beratungsgespräch verlassen und ist nicht mehr traurig. Zumindest nicht so, dass die Trauer gerade seine Stimmung regiert. In der Beratung habe ich viel erreicht, wenn der Klient wieder lächelt oder lacht. Wenn sich ein gewisses Gefühl von Zufriedenheit eingestellt hat. Dies mag kein dauerhafter Zustand sein, aber für den Moment ist es gut und der Klient kann so manch ein Ritual zu Hause anwenden und sich so vielleicht Glücksmomente erschaffen.

Auf den folgenden Seiten gebe ich Ihnen einige Möglichkeiten die einfach umsetzbar sind. Was in welchem Moment wirklich gut und angemessen ist, muss jeder an der Situation angepasst entscheiden. Dafür gibt es kein Patentrezept. Manchmal heißt es einfach ausprobieren und anwenden.

Schaden anrichten, können solche Rituale eigentlich nie.

Einzelne Methoden

Der Rote Faden

Denken wir zurück und blicken auf unser Leben, können wir vielleicht eine Sache, eine Person, einen Umstand oder irgendetwas erkennen, welches sich immer durch unser Leben gezogen hat. Diese Sache oder dieser jemand hat uns immer begleitet, war mehr oder weniger zuverlässig, mal schön und mal auch nicht schön. Das können Glück und Pech sein, oder Liebe und Aversion. Menschen, auf die wir uns immer verlassen konnten. Oder auch Menschen die uns vielleicht immer enttäuscht haben.

Es gibt immer zwei Seiten im Leben und es sind nicht nur die positiven Dinge, die unser Leben ausmachen. Es gibt immer Dinge, die sich wie ein roter Faden durch unser Leben gezogen haben. Dies kann auch bedeuten, dass wir uns in einer Krise auf etwas stützen können. Vielleicht eine Person, der wir besonders zugewandt sind. Vielleicht aber auch eine Handlung oder ein Ritual, wie z. B. eine religiöse Handlung.

Dieser rote Faden bildet ein Rettungsseil, um uns aus der Not zu ziehen. Auf der anderen Seite können wir, mit etwas Fantasie, eine Verbindung zum Verstorbenen herstellen. Ganz einfach mit der Frage: Was hat uns verbunden? Welchen Draht hatten wir zueinander? Was hat uns immer begleitet?

Daraus können wir als Begleiter Handlungen ableiten, die den Angehörigen und den Verstorbenen immer zusammengehalten haben und nun weiterentwickelt werden müssen oder auch können.

Diese Übung hat sich mir spontan in einer Beratung erschlossen und ich nutze sie seither regelmäßig, da sie sich bewährt hat.

Ein roter Faden in der Tasche wirkt wie ein Talisman. Ein roter Faden sichtbar zu Hause, kann regelmäßig und im vorbeigehen, an diese Verbindung erinnern.

Die Meditation

Die Meditation ist, meiner Meinung nach, grundsätzlich eines der besten Methoden um inneren Frieden und Zufriedenheit zu finden bzw. zu erreichen. Es gibt eine Vielzahl von leicht erlernbaren Methoden, die nichts mit religiöser Ausrichtung zu tun haben. Das ist wichtig, denn nicht jeder möchte, oder hat den nötigen religiösen Bezug dazu.

Trotzdem können wir so manche Meditation aus dem Buddhismus oder aus anderen Religionen nutzen und Zweckentfremden. Das ist sicherlich nicht im Sinne des Erfinders. Aber es geht in allen Meditationen letztendlich um das Erreichen von Glück. Das wird jeder Geistliche, in allen Religionen, verstehen.

Die Technik der Visualisierung und der Imagination ist wunderbar einsetzbar für die Beratung. Wenn jemand Kenntnisse im Bereich der Hypnose oder des Hypno-Coachings hat, kann er diese wohlwollend und sicherlich auch sehr erfolgversprechend einbringen.
Den Verstorbenen bzw. eine Handlung mit dem Verstorbenen zu visualisieren, ist eine sehr angenehme und gern genutzte Art mit dem Verstorbenen Menschen regelrecht zu kommunizieren. Es schafft Nähe und ist, mit etwas Übung, schnell erlernbar und öffnet ganz nebenbei den Geist, für andere Dinge in der Begleitung, denen manche skeptisch gegenüber stehen. Meditative Übungen können auch den Geist für weitere spirituelle Handlungen öffnen.

Ein privater, geheimer und sicherer Ort

Wir müssen dem Klienten helfen, trotz einiger verstandesmäßiger Blockaden, seinen Geist und seine Auffassung zu öffnen und ihn in ein neues Land zu führen. In ein Land, in dem nur er und der Verstorbene Zutritt haben.

Dort haben wir einen Ort, wo wir den Verstorbenen jederzeit finden können. Dem Verstorbenen einen Ort für seine letzte Ruhestätte zu geben, ist seit tausenden von Jahren üblich. Daraus hat sich ein großer Kulturstatus entwickelt. Das Grab als Ort der Trauer. Zumindest physisch, haben wir den Toten hier niedergelegt. Doch was passiert psychisch? Wo bleibt der Geist? Wo bleibt die Liebe? Was macht die Seele? Wohin mit den Emotionen?

Ist es nicht ein schöner und tröstender Gedanke, seinem geliebten Verstorbenen einen Ort tief in unserer eigene Seele und unserem Herzen zu schaffen. Einen Ort, an dem nur die beiden Zutritt haben. Ein Ort voller Liebe und allen Erinnerungen die vorhanden sind.

Roland Kachler nannte diesen Ort auch einen sicheren Ort für die Trauer.

Als Hinterbliebene können wir diesen Ort ganz nach unseren Vorstellungen formen und erreichen. Tief in unserem Herzen bleibt nach dem Tod eines nahestehenden Menschen ein tiefer Schmerz. Aber auch die gesamte Liebe, die wir empfinden und jemals empfunden haben. Schaffen wir es, uns einen solchen Ort zu formen, können wir diesen Ort regelmäßig aufsuchen, egal wie es uns gerade geht. Dort können wir glücklich sein und mit dem Toten kommunizieren. Auf einer Ebene, die frei ist von Negationen und Wertungen. Hier kann jeder so sein und die neue Beziehung formen, ganz wie es ihm beliebt.

Außerdem kann ein bewusst gesuchter äußerer Ort helfen den inneren Ort zu festigen. Wir können unsere Toten spüren im Wind, wir sehen sie in den Sternen und sehen den Wandel im Fluss. In der Natur gibt es viele Möglichkeiten Nähe zu empfinden.

Dazu ist sicherlich eine gewisse Offenheit für spirituelles nötig.

Hier könnte evtl. das nächste Thema behilflich sein.

Geschichten und Märchen

Für viele Menschen ist es schön und praktisch, wenn in die Beratung Geschichten und Märchen eingebunden werden. Sie vermitteln eine Vorstellung und eventuell ein inneres Bild, welches der Klient für Visualisierungen etc. nutzen kann. Diese Geschichten müssen nicht auswendig vorgetragen werden. Wer kein guter Geschichtenerzähler ist, kann diese auch einfach vorlesen.

Menschen, die durch einen Verlust einen Teil ihres Weltbildes verloren haben, können in schönen Geschichten Hoffnung finden. Märchen haben immer schon dazu beigetragen, dass wir bereits in der Kindheit in andere Welten fliehen konnten. Somit auch vor realen Problemen.

Alice ist in ihr Wunderland geflohen.
Peter Pan lebt im Nimmerland.

Die Interpretation für Geschichten möchte ich hier nicht übernehmen. Das macht jeder für sich. Wenn es hilfreich ist und etwas Feenstaub ausreicht um durch das Land der Träume zu fliegen, dann ist das doch auch in Ordnung.

Auszeit

Sich im Leben eine Auszeit vom Alltag zu nehmen, ist etwas sehr wichtiges. So eine Auszeit kann die körperliche und die geistige Konstitution verbessern. Sie erdet uns oder setzt alles einmal auf Null und wir können neu starten. Die Gründe warum Menschen sich eine Auszeit nehmen, oder sich allgemein von bestimmten Dingen zurückziehen, sind so vielfältig wie die Menschen selbst.

Sich von Dingen zurückzuziehen und bewusst diese Situation zu leben, kann in Zeiten von Trauer und Krisen allgemein, ein guter Schritt sein.

Zu bedenken bleibt hier aber die grundsätzliche soziale Einstellung. Für Menschen, denen ein enges soziales Umfeld wichtig und elementar ist, entstehen durch die Zurückgezogenheit schnell weitere Schwierigkeiten, die unter Umständen den Prozess blockieren. Somit ist von einer dauerhaften Zurückgezogenheit eher abzuraten.

Menschen die vom Wesen her gut alleine zurecht kommen und diese Einsamkeit bewusst im Leben suchen, können auch in Krisenzeiten Kraft und Zuversicht finden. Diese Menschen können von Grund auf besser mit dem Alleinsein klar kommen und müssen sich nicht mit dem Gefühl der Einsamkeit neu auseinandersetzen, da sie dieses Gefühl kennen und häufig gesucht haben. Der Schmerz des Verlustes bleibt jedoch bestehen.

Ersatzhandlungen

Viele Menschen greifen in Zeiten der Trauer zu Ersatzhandlungen um die Gefühle zu unterdrücken oder sich abzulenken. Hierzu gehören häufig Alkohol, Drogen und Medikamente. Aber auch übermäßiges Essen und ähnliches sind weit verbreitet. Außerdem können Zwangshandlungen auftreten und den Klienten dauerhaft schwer belasten. Die Behandlung von Zwangshandlungen ist ohne Frage ein therapeutischer Weg, aber wenn wir gut hinschauen, können wir erkennen was diese Zwänge ausgelöst hat und Erkenntnisse über das Leben und das Wesen des Betroffenen erhalten.

Ersatzbeziehung (Mensch und Tier)

Wenn ein Tier verstirbt, gehen viele Tierhalter dazu über, sich häufig, recht zeitnah, wieder ein Tier zu kaufen. Die Gründe sind verschieden, aber häufig wird das Tier einfach ersetzt. Die Freude und die neue Verantwortung lässt die Trauer um das verstorbene Tier schwinden. Auch bei Menschen ist dies manchmal zu beobachten. Grundsätzlich gibt es keinen Zeitrahmen, der für angemessen oder unangemessen angesehen werden kann. Jedoch wirkt sich eine übermäßig schnelle neue Bindung oft unangenehm auf den Trauerverlauf aus und kann diesen erheblich stören. Hier sollte erfragt werden, welchen Zweck die neue Bindung haben soll. Es besteht die Gefahr, dass die neue Person nicht in ihrem vollen Wert wahrgenommen wird, sondern dazu dient, Aufgaben zu erfüllen und somit eine Zweckgemeinschaft entsteht und der neue Partner für unliebsame Aufgaben missbraucht wird.

Kerzenzeremonie; Dankbarkeitsübung; Schatzkarte / Kiste; Entsorgung der Habe

Eine Kerzenzeremonie kann dazu genutzt werden, um den Klienten zu mobilisieren und aktiv werden zu lassen. Da sich viele in sich zurück ziehen, kann durch zeremonielle Handlungen eine Aktion ausgelöst werden. Der Klient muss sich erheben und kann nicht weiterhin auf dem Sessel sitzen.

Für eine Kerzenzeremonie stellen wir ein oder mehrere Bilder auf. Bilder müssen nicht immer und sollten auch nicht, perfekte Studioaufnahmen sein. Es geht um Bilder aus dem Leben. So wie der Mensch war und wie der Klient ihn kannte. Das können Bilder aus dem Garten sein, auf einer Feier und somit Schnappschüsse jeglicher Art. Zu jedem Bild gibt es eine Geschichte und hierbei geht es wieder nicht darum etwas perfekt schönes zu sagen. Auch die negativ belasteten Erinnerungen sind auch Erinnerungen die zum Leben gehören. Über diese Geschichten kann gesprochen werden. Es wird ein Teelicht genommen und mit dem erzählen dieser Geschichte angezündet und mit Wohl wollenden Wünschen oder mit Danksagungen an diesen Moment, zu dem Bild gestellt. Eine Dankbarkeit zu empfinden ist sehr wichtig. Diese Dankbarkeit auch offen gegenüber dem Verstorbenen auszusprechen, wird in der Regel als sehr angenehm empfunden. Diese Übung kann auch zu Hause alleine gut eingesetzt werden und hilft beim "Festgelegten Trauern".

Hier werden Erinnerungen ganz bewusst wahrgenommen. Durch die Auswahl der Fotos oder auch persönlicher Gegenstände, kann dies ein langer und aktiver Prozess sein.

Irgendwann kommt bei Angehörigen der Punkt, wo sie sich entscheiden müssen, was mit den persönlichen Gegenständen passieren soll. Die Systematisches Entsorgung der Habe und die Trennung von den Dingen, kann auch auf rituelle Weise erfolgen. Vielleicht haben die Angehörigen zu manchen Dingen noch einen Bezug. Niemand kann sagen, wann der richtige Zeitpunkt für die Entsorgung gekommen ist. Die Entscheidung liegt immer bei einem selbst. Entsorgen wir zu früh, nehmen wir uns vielleicht die Möglichkeit so mancher schöner Erinnerung. Alle Gegenstände die aufgehoben werden, können in einer kleinen Kiste, einer Schatzkiste, aufgehoben werden. Hier hat nur der Angehörige Zugriff. Sein ganz persönliches Heiligtum, welches er bewachen und sich daran erfreuen kann.

Beim Schreiben der Trauerkarten z. B. müssen die Anschriften der Gäste geschrieben werden. Wer sich hier Zeit nimmt, kann zu jeder Anschrift und der dazu gehörigen Person eine Erinnerung und eine gemeinsame Geschichte finden. Sich nach der Beerdigung die Beileidskarten noch einmal in Ruhe anzusehen und an diese Person zu denken, ist sehr hilfreich.

Briefe an der Verstorbenen

In manchen Kulturen ist es üblich, Briefe an den Verstorbenen zu schreiben. Jeder muss sicherlich für sich selbst entscheiden, wie er mit diesem Brief umgeht. Er kann gesammelt und nach längerem verwahren wieder herausgenommen werden. Dies kann veranschaulichen wie sich die eigenen Emotionen im Laufe der Zeit verändert haben.
Andere nehmen den Brief und verbrennen ihn. Er löst sich auf und erreicht so, auf irgendeine Weise, den Verstorbenen.

In der Beratung können solche Briefe unterstützt werden. Wir können gemeinsam überlegen, was und wie dieser Brief aufgebaut sein soll. Beim schreiben selbst sollte der Klient vielleicht besser für sich sein. Der Inhalt geht den Berater auch erst dann etwas an, wenn der Klient diesen Inhalt auch wirklich mitteilen möchte.

Trauertagebuch; Notizbuch

In Krisenzeiten ist es immer nützlich und hilfreich seine Verfassung zu dokumentieren. Das Anlegen eines Tagebuchs kann hier sehr hilfreich sein. Wer hier sorgfältig schreibt was ihn bedrückt und was ihm vielleicht auch geholfen hat, kann später darauf zurück greifen und seine eigenen Veränderungen wahrnehmen.

In einem Notizbuch können Wünsche, Hoffnungen und Ziele notiert werden. Stichpunktartig können auch Situationen, die belastend sind, eingetragen werden. Dinge die man nicht vergessen möchte zu regeln oder die einem in der Trauer für wichtig erscheinen geklärt werden.

Was auch immer wir machen und dem Klienten anbieten, muss an die Fähigkeiten des Klienten und auch an die Fähigkeiten des Beraters angepasst werden.

Ein Ritual einfach durchzuziehen ist rücksichtslos und schadet dem Klienten. Das kann und darf einen Begleiter nicht glücklich machen. Hier müssen wir uns selbst stark kontrollieren und unser Vorgehen immer beobachten und uns selbst regelmäßig gut reflektieren.

So manch ein Ritual benötigt ein weiteres Ritual um eben dieses einzuleiten.

Zum Ende möchte ich mich für das Interesse an diesem Thema bedanken.

Es ist nur ein kleiner Einblick in die Trauerarbeit allgemein. Ich weiß, dass vieles hier erwähnte nicht zwingend in die Trauerbegleitung gehört. Das Thema Grundbedürfnisse hat für mich, in der Beratung allgemein, einen sehr großen Stellenwert. Viele Berater und Coaches, sowie auch Trauerbegleiter und Seelsorger haben sich zu diesem Thema noch nie Gedanken gemacht. Für dessen Arbeit scheint es zu reichen. Für meine Arbeit reicht das nicht.
Bitte entscheiden Sie selbst, was für Sie funktioniert. Wenn Sie in der Beratung jedoch nicht weiter kommen, können solche Ansatzpunkte sehr hilfreich sein. Es liegt ja doch häufig am Berater, wenn das Gespräch ins stocken gerät.
In meiner Coachingausbildung habe ich gelernt, dass der Klient nicht die falschen Antworten gibt, sondern dass ich eventuell die falschen Fragen stelle. Als Coach führe ich durch das Gespräch. Ich stoße Themen an und vertiefe diese. Funktioniert das nicht, ist es an mir, wie es weiter geht.

Für Berater biete ich regelmäßig Seminare und Workshops an. Wenn Sie Interesse haben, für sich oder Ihr Unternehmen Seminare zu buchen, schauen Sie bitte auf meiner Webseite nach Terminen oder Kontaktieren Sie mich für individuell abgestimmte Seminare.

Hat Ihnen das Buch gefallen, empfehlen Sie es bitte weiter. Es ist in jedem Bücherregal gerne zu Hause.

Ich wünsche Ihnen für die Beratungsarbeit und für Ihren ganz persönlichen Lebensweg alles Liebe und Gute.

Herzlichst!

Ihr

Tobias van der Velde

Psychologischer Berater
Personal Coach und Trauerbegleiter

www.tobias-vandervelde.de

Sowie in vielen sozialen Netzwerken

Danksagung!

Ich möchte mich herzlich bei den Menschen in meinem Umfeld bedanken, die mehr oder weniger absichtlich zu diesem Buch beigetragen haben. Dazu gehören Berufskollegen, mit denen ich mich immer wieder gerne austausche. Ebenso gehören aber auch die Angehörigen der Verstorbenen dazu, weil ich diese begleiten durfte und ein Stück weit helfen konnte. Ich habe dadurch vieles für den Beruf gelernt, aber auch vieles für mein privates Leben mitnehmen können. Die allermeisten Gespräche waren sehr inspirierend und oft auch einfach nur sympathisch.

Besonders bedanken möchte ich mich bei Herrn Adolf Pfeiffer von der Trauerherberge in Arzbach. In Bezug auf die Trauerbegleitung, habe ich von ihm sehr viele Anreize und Denkanstöße erhalten. Viele Methoden aus der Ausbildung tauchen auch hier im Buch auf.

Ich habe viele Bücher von Roland Kachler zum Thema Trauer gelesen und wurde davon, für meine Arbeit, sehr inspiriert. Ich empfehle Ihnen, bei tieferem Interesse zu diesem Thema, das ein oder andere Buch von ihm zu erwerben.

Ich habe im Verlauf des Buches die ein oder andere Passage von anderen Autoren zitiert oder einfach erwähnt.

Die jeweiligen Autoren, also die Quellenangabe, habe ich direkt im Text erwähnt. Auch diesen Autoren danke ich, für ihre gute Arbeit und die für mich überaus inspirierenden Bücher.

Sollte ich bei der Angabe Fehler gemacht haben, bitte ich diese zu Entschuldigen und um Kontaktaufnahme zu mir, damit ich diese beheben kann.

Ein letzter Rat:

Wenn Sie nicht regelmäßig mit trauernden Menschen Kontakt haben, sollten Sie vorsichtig damit sein, fachlich zu beraten. Nutzen Sie soziale Netzwerke oder noch besser, die persönlichen Gespräche mit eben diesen Fachleuten. Nur davon können Sie wirklich etwas lernen. Denn von diesen Menschen lernen Sie aus dem beruflichen Alltag und über reale Klienten. Keine fiktiven Fallbeispiele, sondern das echte Leben. Ungeschminkt und authentisch.
Das ist es was wir wirklich brauchen, um etwas zu lernen.

Nutzen Sie auch Seminare und Schulungen zu diesem Thema.

Kontaktieren Sie mich gerne diesbezüglich.
Auf meiner Webseite finden Sie in regelmäßigen Abständen Termine für entsprechende Schulungen und Seminare.

www.tobias-vandervelde.de